国家智库报告 2017（24）
National Think Tank

经 济

中国金融业高增长：逻辑与风险

何德旭　王朝阳　等著

FINANCIAL SECTOR'S GROWTH IN CHINA: CONTRIBUTIONS TO GROWTH AND RISKS

中国社会科学出版社

图书在版编目(CIP)数据

中国金融业高增长：逻辑与风险／何德旭等著 .—北京：中国社会科学出版社，2017.6

（国家智库报告）

ISBN 978 - 7 - 5203 - 0564 - 8

Ⅰ.①中… Ⅱ.①何… Ⅲ.①金融事业—经济发展—研究报告—中国 Ⅳ.①F832

中国版本图书馆 CIP 数据核字（2017）第 114942 号

出 版 人	赵剑英
责任编辑	王 茵
特约编辑	吕 丞
责任校对	石春梅
责任印制	李寡寡

出　　版	中国社会科学出版社
社　　址	北京鼓楼西大街甲 158 号
邮　　编	100720
网　　址	http：//www.csspw.cn
发 行 部	010 - 84083685
门 市 部	010 - 84029450
经　　销	新华书店及其他书店

印刷装订	北京君升印刷有限公司
版　　次	2017 年 6 月第 1 版
印　　次	2017 年 6 月第 1 次印刷

开　　本	787×1092　1/16
印　　张	9.25
插　　页	2
字　　数	125 千字
定　　价	45.00 元

凡购买中国社会科学出版社图书，如有质量问题请与本社营销中心联系调换
电话：010 - 84083683
版权所有　侵权必究

作者（按章节顺序）

何德旭：中国社会科学院财经战略研究院院长，
　　　　研究员
王朝阳：中国社会科学院财经战略研究院，
　　　　副研究员
汪　川：中国社会科学院财经战略研究院，
　　　　副研究员
王振霞：中国社会科学院财经战略研究院，
　　　　副研究员
高广春：中国社会科学院财经战略研究院，
　　　　副研究员
李　超：中国社会科学院财经战略研究院，
　　　　助理研究员
汪红驹：中国社会科学院财经战略研究院，
　　　　研究员
李　原：中国社会科学院研究生院财经系，
　　　　博士研究生

摘 要：近 10 年来，中国金融业增加值占比翻了一番，从 2005 年的 4% 迅速攀升至 2016 年的 8.44%——该数值不仅高于巴西和俄罗斯等新兴市场经济国家，也高于美国、英国等传统经济发达国家。更值得警惕的是，2015 年以来中国金融业的高增长是在制造业快速下滑的背景下发生的，这意味着金融稳定、可持续发展的基础正在丧失，预示着风险爆发的可能性正在提高。随着中国经济进入新常态，要寻求经济增长的新动能，必须理清金融部门与实体经济部门的关系，探寻中国金融业高速增长背后的逻辑、潜在的风险以及化解之道。

2015 年以来中国金融业的快速增长，是传统宏观调控手段与中国经济新常态的特征不匹配、金融创新快速推进与监管改革相对滞后的不协调、股票市场剧烈波动与房地产价格新一轮上涨相结合等诸多矛盾的集中体现。本书以金融业的统计口径和增加值核算方法为基础，分别从货币因素、股票市场、房地产市场、国际比较等视角入手，分析中国金融业高增长的逻辑链条，阐述金融部门与实体经济部门的互动关系，分析金融高增长背后的风险，并提出相应的政策建议。

从货币因素看，在我国以间接融资为主的金融体系中，货币政策过度侧重于经济增长目标使金融业高增长成为必然；在利率市场化改革的推动下，影子银行等机构的兴起对金融业高增长起到了助推作用。随着供给侧结构性改革的深入推进，保增长不应再成为货币政策的核心目标。为了抑制金融业高增长的潜在风险，货币政策调控方式亟需改变，特别是应与金融监管政策相协调；同时，应建立多层次的金融供给体系，增加金融供给，降低金融套利风险。

从股市因素看，股市扩容与股价波动是影响中国金融业增加值的重要因素。股票市场既为实体经济提供直接融资渠道，扩大居民的财富效应；也蕴含着剧烈波动风险以及对实体经济投资的"挤出"，这种"挤出"的根源是实体经济与股票市场投资收益率的差异。因此，简单依靠总量控制手段抑制资产泡沫，无法实现资金从证券市场向实体经济的流动。从长期来看，更重要的是进一步降低企业的融资门槛，提高实体经济盈利水平。

从房地产因素看，金融渠道特别银行贷款是房地产业最主要的资金来源，金融业的高增长与房地产业必然有重要关联。如果房地产泡沫和金融泡沫进一步累积，信贷泡沫的膨胀与破灭在所难免，其对金融体系乃至整个经济的冲击同样难以避免。因此，如何将房地产业与金融业稳定在相对均衡增长的合理区间，对于研究者、从业者还是决策者而言都是孜孜以求的目标。

从国际比较来看，无论是与新兴市场国家还是与 OECD 国家相比，近年来中国金融业产出占比都偏高。但是，金融规模的扩张绝不能以牺牲效率为代价，新兴市场经济国家如拉美和东南亚国家在这方面有着深刻的教训。中国金融业发展的目标应是适当控制金融业产出占比，提高发展质量和效率。政府既要在市场监管方面有所作为,也要在宏观经济政策上发挥作用。

促进金融部门与实体经济部门之间的协调发展,需要坚持稳中求进的总基调,保持战略定力,使需求侧管理与供给侧结构性改革相配合;协调推进金融领域的创新与监管、改革与开放;增加金融机构与产品供给,通过强化竞争来降低金融业的利润率;遏制资产价格的过快上涨,严密防控资产价格泡沫,扭转持有资产比投资实业更赚钱的局面;进一步显著提高直接融资比重,让金融更好服务于实体经济。

关键词: 金融业增加值 货币政策 股票市场 房地产市场 国际比较 金融风险

Abstract: Over the past decade, the share of China's financial sector has been growth from 4% in 2005 to 8.44% in 2016, which is not only higher than that of Brazil and Russia, but also higher than that of the United States, Britain and other traditional developed countries. The rapid financial sector development really contributes to risk management, promotes social investment, and encourages innovation. However, the rapid growth of the financial sector in recent years has occurred in the context of the rapid decline of China's industrial manufacturing industry. In particular, in the Chinese economy enter the new normal; this issue is one of the most vigilant problems which the government should deal with.

In order to explain the causes and implication of the high growth of China's financial sector, this book systematically introduces the accounting method of the added value of the financial industry. On the basis of this, from the different perspectives of monetary policy, stock/real estate market development and international comparison, this paper analyzes the logic chain of high growth of China's financial sector, expounds why high growth of financial sector will promote the GDP growth and the objective analysis of the risk, and put forward the corresponding policy recommendations.

Specifically, from the perspective of monetary policy, in China's indirect financing-oriented financial system, monetary policy over-emphasis on growth goals will make the financial sector high growth inevitably; and in the context of interest rate market-oriental reform, the rise of shadow banks and other financial institutions will played a boost role of the high growth of financial sector. In the new economic environment, growth should not be the core goal of monetary policy. In order to curb the potential risks posed by the high growth of the financial sector, the monetary policy control mode needs to be changed, especially in harmony with the financial supervision policy. At the same time, it should establish a multi-level financial supply system, increase the financial supply and reduce the risk of financial arbitrage.

From the perspective of the development of the stock market, the growth and volatility of the stock market will be an important factor affecting the added value of China's financial sector. On the one hand, the stock market provides a direct financing channel for the real economy and enlarges the wealth effect of the residents. On the other hand, it also contains the financial risks brought by the violent volatility and the "squeeze" of the real economy investment. The most important reason of the "squeeze" is the investment return is difference between real economy and the stock market. In the future, we should be based on the suppression of the stock market bubble, continue to reduce the financing threshold of enterprises to improve the level of real economic profitability. In addition, the inconsistency between asset price and entity price leads to the difficulty of monetary policy making. How to incorporate asset price into the goal of monetary policy is the key problem of macro-control policy reform.

From the real estate market trends, financial channels, especially bank loans is the main source of real estate, the high growth of the financial sector and real estate must have an important relationship. Real estate bubble and the accumulation of the financial bubble, especially the expansion of the credit bubble is inevitable, the bubble burst on the financial system and even after the formation of the impact of the economic system is also difficult to avoid. Therefore, how to stabilize the real estate industry and the financial industry in a reasonable range of relatively balanced growth is the main problem the researchers, practitioners or decision makers should deal with. From the international comparison, compared with emerging market countries and OECD countries, China's financial sector growth is higher, it will contain systemic risk. In the future, we should control the proportion of financial sector growth and improve the quality and efficiency of financial industry development.

Finally, we suggest that in the future should improve the macro-control framework. Adhere to the steady progress, to promote the financial sector innovation and regulation, reform and opening up; to curb the unreasonable profitability of the financial sector; to curb the rapid rise in asset prices, tight control of asset price bubble, further significantly increase the proportion of direct financing, financial better serve the real economy.

Keywords: Financial Sector's Value-added; Monetary Policy; Stock Markets; Real Estate Markets; International Comparison; Financial Risk

目　录

**第一章　中国金融业高增长：成因、风险与
　　　　应对** ………………………………………………（1）
　　一　理论背景与特征事实 ……………………………（1）
　　二　中国金融业高增长的成因 ………………………（10）
　　三　中国金融业高增长的潜在风险 …………………（18）
　　四　应对中国金融业高增长的对策建议 ……………（23）

第二章　中国金融业高增长：货币因素 ………………（26）
　　一　金融业增长与货币供应的特征事实 ……………（26）
　　二　中国金融业高增长的货币与市场环境 …………（29）
　　三　金融业高增长与货币政策的内在逻辑 …………（41）
　　四　进一步完善货币政策调控的建议 ………………（45）

第三章　中国金融业高增长：股市因素 ………………（50）
　　一　证券业对金融业增加值的直接贡献 ……………（50）
　　二　金融业增长与股市波动的特征事实 ……………（54）
　　三　股市波动的影响及应对：2007年与2015年的
　　　　比较 …………………………………………………（61）
　　四　股市剧烈波动的潜在风险："挤出"实体经济 …（64）
　　五　简要结论与对策建议 ……………………………（68）

第四章　中国金融业高增长：房地产因素 …………… (73)
　　一　房地产与金融增长的特征事实 ………………… (73)
　　二　房地产市场影响金融增长的机制 ……………… (76)
　　三　房地产市场影响金融稳定：多指标综合分析 …… (80)
　　四　寻求房地产与金融业均衡发展的区间 ………… (87)

第五章　关于金融业增长：一个国际比较 …………… (92)
　　一　金融与经济协调发展的逻辑 …………………… (92)
　　二　金融业增加值占比：国别差异 ………………… (94)
　　三　中国金融业增加值占比波动显著 ……………… (98)
　　四　代表性国家金融业增长的历史 ………………… (101)
　　五　金融业增加值占比差异的原因 ………………… (105)
　　六　中国金融发展需要提高质量和效率 …………… (108)

附录　金融业的统计口径及其增加值核算 …………… (112)
　　一　金融业的统计口径 ……………………………… (112)
　　二　金融业增加值核算的 SNA 方法 ……………… (120)
　　三　中国金融业增加值的核算方法 ………………… (123)

第一章　中国金融业高增长：成因、风险与应对[*]

金融发展与经济增长的关系是金融学和宏观经济学研究中经久不衰的话题。金融机构通过提供金融服务促进经济增长，并在此过程中实现自身增长和成为整个经济增长的一部分。作为经济增长过程中不可分割的一部分，金融部门增长与非金融部门增长是相互促进还是此消彼长？或者说，在什么情况下二者能够相互促进，在什么情况下二者又可能此消彼长？关于这些问题，经济金融的研究文献到目前都没有统一的答案。

如果把金融业增长作为整体经济增长的一部分，可以发现，近几年来中国金融业快速增长，工业在整个经济中所占的比重快速下滑，表现为一种此消彼长的关系。我们认为，这种现象反映出金融运行效率的低下，意味着金融稳定、可持续发展的基础正在丧失，预示着风险爆发的可能性正在提高。从根源上防范这一风险，需要强化金融竞争，完善宏观调控，控制资产价格泡沫，改革金融监管体系，让金融更好地服务于实体经济。

一　理论背景与特征事实

（一）金融发展与经济增长的理论背景

长期以来，金融发展能够促进经济增长的认识深入人心，

---

[*] 本章作者为何德旭、王朝阳。

Levine 为此概括了金融体系的五大功能：认为金融发展有助于风险管理；能够吸收居民储蓄并将储蓄资金合理转为投资；促进储蓄资金向效率更高的投资项目流动；降低信息获取的成本；促进创新和产生溢出效应。[①] 围绕上述这些方面的功能，实证研究类文章不计其数。但值得注意的是，上述诸多判断大都是基于金融体系从抑制状态向深化状态转变的过程得出的结论。随着金融发展水平不断提高，当金融体系脱离抑制进入深化甚至变得过度发展之后，金融发展对经济增长的作用究竟如何呢？

2008 年美国金融危机被普遍认为是金融过度发展的结果。以此为转折点，对金融发展有利于经济增长的质疑和批判之声变得响亮起来。比如克鲁格曼（Krugman）就认为"金融业的过度发展弊大于利"，"金融吸纳了整个社会太多的财富与人才"，高度复杂的金融创新产品对经济增长并没有明显的益处，而是更多地从实体经济赚取了租金收益，一旦金融创新程度超出了监管能力的控制范围，就可能引致金融危机并使经济发生倒退。[②] 不少实证研究结论也转而支持这一判断，比如 Rousseau 和 Wachtel 利用线性模型对 1965—2004 年的数据进行实证检验，发现当金融深化达到一定程度后金融发展对经济增长的促进作用就消失了，他们将其称为"消失效应"（vanishing effect）。[③] 对此，我们应该认识到，无论是美国名目繁多的衍生产品，还是中国日益"创新"的影子银行体系，都意味着金融发展或许已经过度了。

从近年来研究的进展看，经济增长在实证中大都是用人均 GDP 增长率这个指标，但对金融发展的指标则有诸多选择，其

[①] Levine, R. (1997), "Financial development and economic growth: Views and agenda", *Journal of Economic Literature*, 35 (2): 688 – 726.

[②] Krugman, P. (2009), "The Market Mystique", *New York Times*, 26 March.

[③] Rousseau, P. L. & P. Wachtel (2011), "What is happening to the impact of financial deepening on economic growth?", *Economic Enquiry*, 49 (1): 276 – 288.

中使用较多的三个指标是信贷规模相对 GDP 的比例、货币供应量相对 GDP 的比例、金融业增加值在 GDP 中的比例。事实上，这三个指标恰好反映了金融部门的两类属性。一方面，前两个指标反映出金融行业的经营对象是货币资金，它是所有经济活动的润滑剂，因此金融发展与经济增长密切相关；另一方面，金融同时还是众多的经济部门之一，金融活动自身创造增加值并直接贡献于经济增长，即第三个指标的含义（见表 1-1）。

表 1-1　　　部分文献中的金融发展与经济增长关系研究

文献	金融发展指标	方法与样本	研究发现
Law & Singh（2014）	私人信贷/GDP、流动性负债/GDP、国内信贷/GDP	门槛模型，1980—2010 年 87 个国家的数据	门槛值分别为 88%、91% 和 99%，超过这个门槛值就会有显著的负向影响
Cournede & Denk（2015）	金融业增加值/GDP、银行贷款总额/GDP、股票市场市值/GDP	线性方程，OECD 国家	三个指标系数分别为负、负、正
Samargandi et al.（2015）	M3/GDP、商业银行资产/所有金融机构总资产、银行对私人的信贷/GDP 的比值，用三个指标构建金融发展指数（FD）	门槛模型，23 个中等偏上收入国家和 29 个中等偏下收入国家	样本整体的门槛值为 0.915，中等偏上收入国家和中等偏下收入国家分别为 0.918 和 0.433；从长期看，为负相关关系
Muhammad et al.（2015）	M2/GDP、国内信贷/GDP	线性方程，1975—2012 年 6 个海湾国家	正向关系
HaSanetal（2015）	私人部门信贷/GDP、上市公司市值/GDP、银行净息差以及股票市场周转率、资本收益率加上股本比除以资本收益率的标准差（衡量银行稳定性）	贝叶斯估计方法，1960—2011 年 72 个国家数据	只有银行效率可以促进经济增长

续表

文献	金融发展指标	方法与样本	研究发现
Capelle-Blancard & Laborme (2016)	金融部门信贷/GDP、金融部门从业人员数/总劳动力、单位人员信贷额	线性方程,过去40年间24个OECD国家	没有显著的正向或负向关系

资料来源：根据胡海峰、王爱萍《金融发展与经济增长关系研究新进展》整理，《经济学动态》2016年第5期。

（二）中国金融业高增长的特征事实[①]

1. 中国金融业高增长问题的提出

中国金融业增加值占比从2005年的4%迅速攀升至2015年的8.44%，翻了一番。这种变化在国际比较中显得十分醒目，或许意味着风险的积聚。我们选取美国、日本、英国、德国、巴西等国家金融业增加值占比指标，考察它们1990—2016年的数据变动情况并进行比较能够发现（见图1-1）：（1）金融业占比在各国均呈现波动趋势且波幅较小，并没有表现出单向增长趋势。比如德国的该指标就相对稳定，20多年间最高为1999年的5.5%，最低是2008年的3.8%。（2）金融增加值占比最高点往往和某场危机的时间点相呼应，这也值得引起我们的高度警惕。比如美国的两个高点分别为2001年的7.7%和2006年的7.6%，与此对应的是美国当时的互联网泡沫和次贷危机；日本的最高点是1990年的6.9%，此后则缓步下降，2000年为4.81%，2014年为4.11%，这恰好对应着日本20世纪90年代以来"失去的十年"甚至"失去的二十年"；英国的最高点是2009年的9.35%，或与当时的欧洲债务危机有关。

把金融业高增长放在中国的宏观经济环境中，可以发现金融业高增长现象在2006—2007年也曾出现，甚至当时的表现更为突出（2006年和2007年金融增加值增速高达23.7%和

[①] 如无特别说明，本章数据均来源于万德（WIND）数据库。

中国金融业高增长：逻辑与风险　5

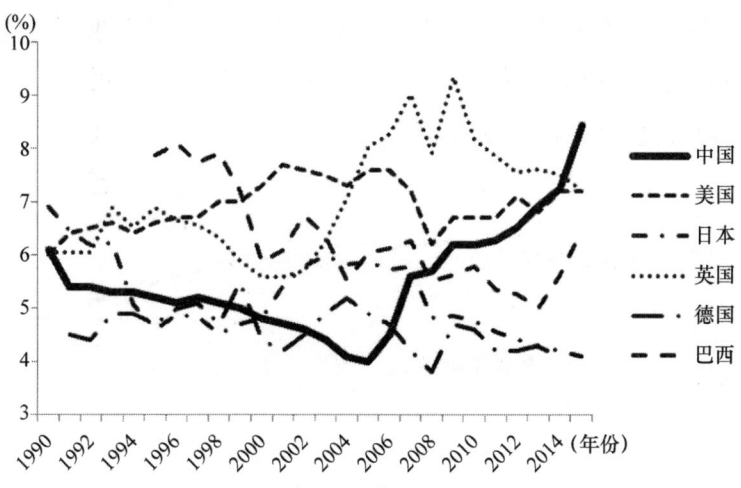

图 1-1　金融业增加值占比的国际比较

25.8%）；但与 2015 年（增速 16%）不同的是，当时工业占比并没有出现 2015 年以来显著下降的情况（见图 1-2、图 1-3）。我们认为，金融业高增长单独作为一种现象或许并不值得过度担忧，但如果其与工业的快速下滑共同发生，就不得不令人担心了。特别是，在中国经济进入新常态后，经济增速换挡

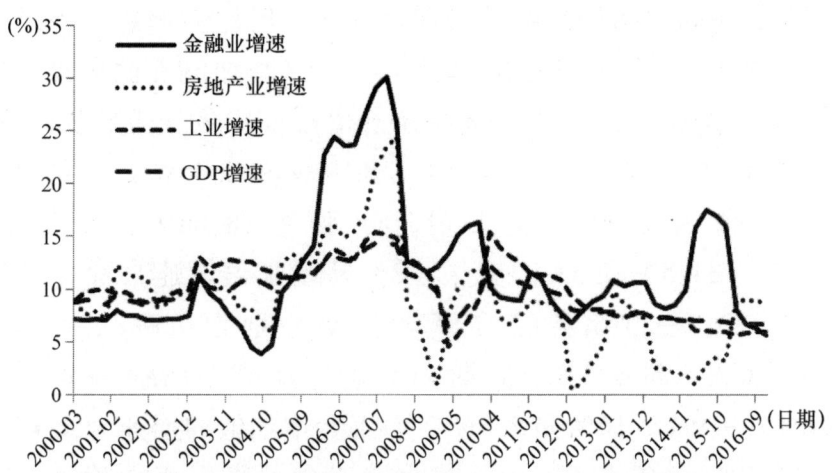

图 1-2　2000—2016 年金融业、房地产业、工业以及 GDP 增速对比

和增速下行压力较大的情况下,要寻求经济增长的新动能,这种情况就更加值得警惕。因此,我们这里重点关注的是2015年前后中国金融业的高增长问题。

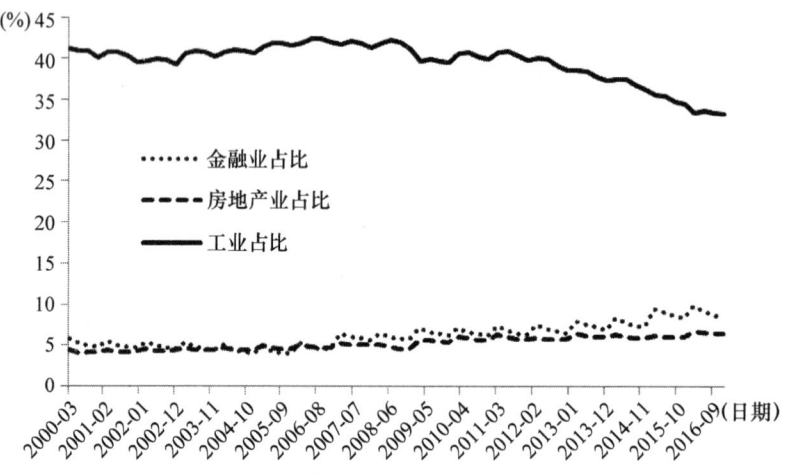

图1-3 2000—2016年金融业、房地产业、工业在GDP中的占比

2. 中国金融业高增长：增加值的视角

2012年以来,中国金融业快速增长与工业占比下滑形成鲜明对比,可以用两个产业的增加值占比、增加值增速以及对经济增长的贡献率三组数据来说明。(1) 从增加值占比来看(见图1-4),2012—2016年金融业增加值占GDP的比重稳步提高,依次为6.51%、6.92%、7.25%、8.44%和8.35%,而同期工业增加值占比则快速下滑,分别为38.66%、37.35%、36.31%、34.5%和33.31%。(2) 从增加值增速来看(见图1-5),2012—2016年的GDP增长率分别为7.9%、7.8%、7.3%、6.9%和6.7%,同期金融业增加值的增速为9.4%、10.6%、9.9%、16%和5.7%,而工业增加值的增速为8.1%、7.7%、7%、6%和6%。金融业增速全部高于工业增速,除2016年外均远高于同期经济增长率,而工业增速除2012年外均低于经济增长率;特别是2015年,中国金融业增速是经济增长

率的两倍还多。(3) 从贡献率来看（见图 1-6），2012—2016 年金融业对经济增长的贡献率分别为 7.5%、8.9%、9.5%、16.4% 和 7.1%，而工业对经济增长的贡献率则显著下降，分别为 40.59%、37.9%、35.3%、30.4% 和 30.7%。

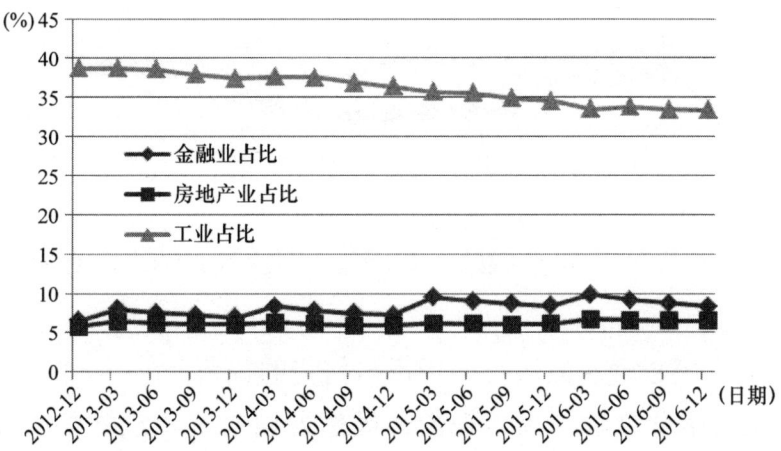

图 1-4 2012—2016 年金融业、房地产业、工业在 GDP 中的占比

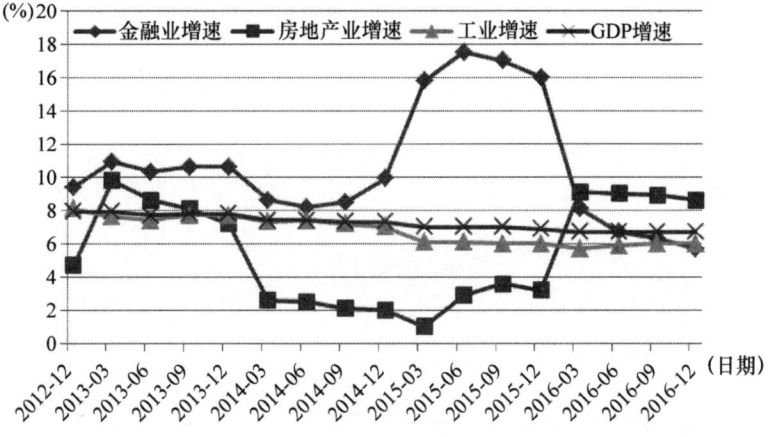

图 1-5 2012—2016 年金融业、房地产业、工业以及 GDP 增速对比

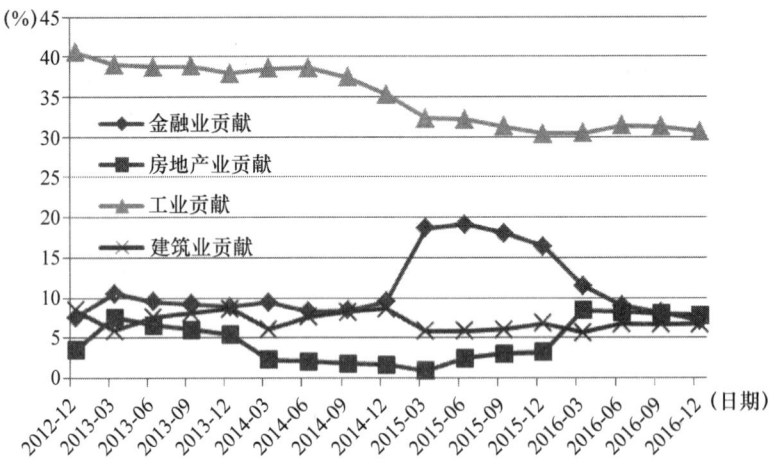

图 1-6 2012—2016 年金融业、房地产业、工业和建筑业对 GDP 的贡献

3. 中国金融业高增长：货币与信贷的视角

从货币供应量的视角来看，虽然各国对货币层次的界定标准不一致，但仍可以从趋势上进行比较分析（见图 1-7），对比美国、日本、英国、德国、巴西等国的情况能发现，发达国家该指标虽然有所提高，但增长比较平稳；巴西总体水平不高，只是近年才呈一定的上升趋势（2016 年其 M4/GDP 为 0.94）；

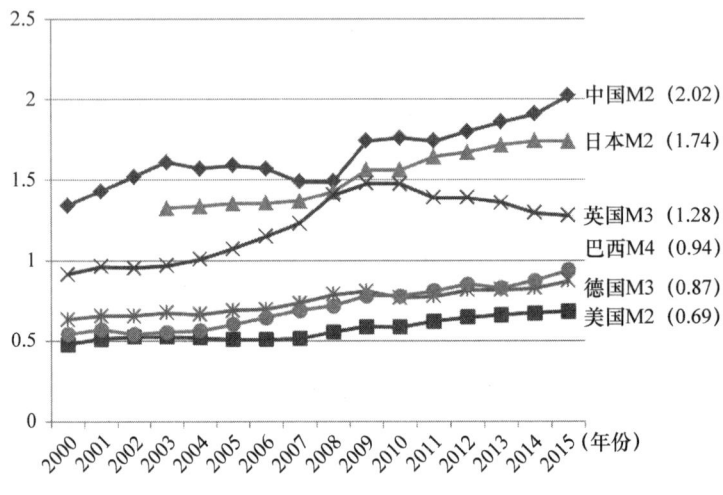

图 1-7 各国货币供应量与 GDP 的比值变动情况

相比之下，中国总体水平最高，且上升势头最为突出。

从信贷规模的视角来看，近年来各项贷款余额相对GDP的比例有所提高，2016年比值已经达到5.05（见图1-8）；新增贷款规模相对GDP的比例也在提高，除个别年份如2009年受金融危机冲击这一比例曾达到0.95外（见图1-9），2011—2014年该比值基本维持在0.54左右，但2015年和2016年则分别上

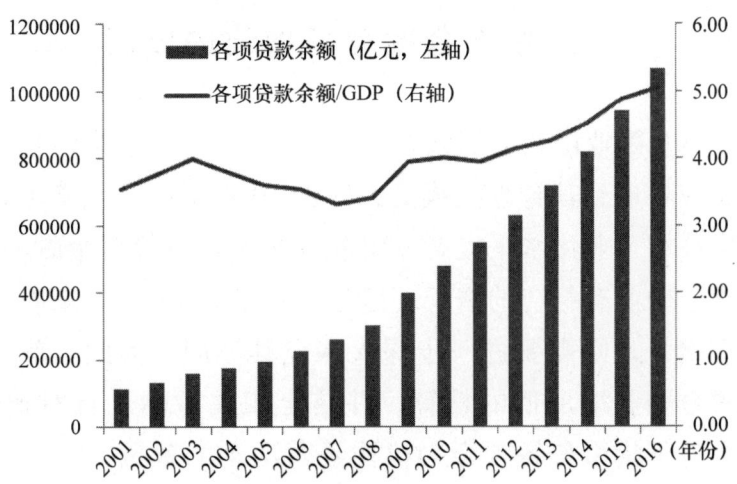

图1-8　人民币各项贷款余额及其与GDP的比值

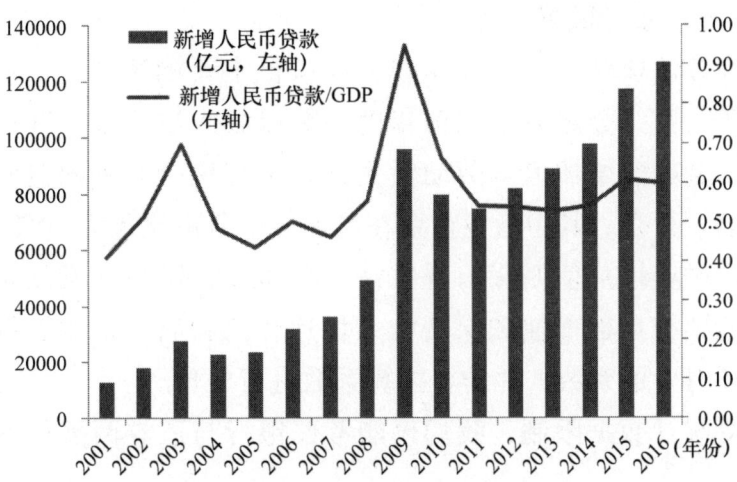

图1-9　新增人民币贷款及其与GDP的比值

升至0.61和0.6，这意味着单位GDP增长需要耗费更多贷款。从实体经济的角度看，金融机构贷款就是实体部门的负债，贷款规模增加意味着实体部门负债率或杠杆率的提高。研究数据显示，截至2015年年底，中国债务总额为168.48万亿元，全社会杠杆率为249%；其中非金融企业部门的债务问题尤为突出，债务率高达156%。

二 中国金融业高增长的成因

影响金融业增长的因素众多，理解近10年来中国金融业的高增长应考虑到其合理的成分，即近10年来中国经济增长、城镇化水平和工业化水平提高、服务业快速发展等对金融的需求，都要求金融业有相应的增长。但是，对于2015年以来中国金融业的高增长，则需要进一步深入探究其原因。为此，首先有必要理解金融业增加值的核算，并结合相关指标进行对比分析；其次，鉴于货币是各类金融机构经营活动的基础，有必要考察货币以及货币之外的因素。

（一）统计因素

在统计核算中，金融业的统计口径主要涵盖银行、证券和保险等行业，金融业增加值年度核算以收入法为准，其计算公式为：金融业增加值＝劳动者报酬＋生产税净额＋固定资产折旧＋营业盈余，其中营业盈余在增加值中所占比重为50%左右；季度金融业增加值则采取外推法，具体以人民币存贷款余额增速、股票交易额增速和保费收入增速作为银行、证券、保险三大主要行业的系数，并结合换算系数进行处理。[1]

受统计数据限制，我们仅能考察银行与证券两类行业利润

---

[1] 关于金融业增加值核算的具体介绍可参见附录。

在金融业增加值中的比重变动情况（见图1-10）。单就银行业利润而言，2010年以来其在整个金融业增加值中的比重维持在30%上下，高点如2012年的35.2%，低点如2016年的26.54%，在趋势上已经表现出较为明显的下降势头。相比之下，证券业利润占比仅为2%左右，受市场波动的影响十分显著，比如2015年其在金融业增加值中的占比达到4.23%。在微观层面，也有证据显示银行业在金融业增加值的四项构成中都占据了最高的比重。①

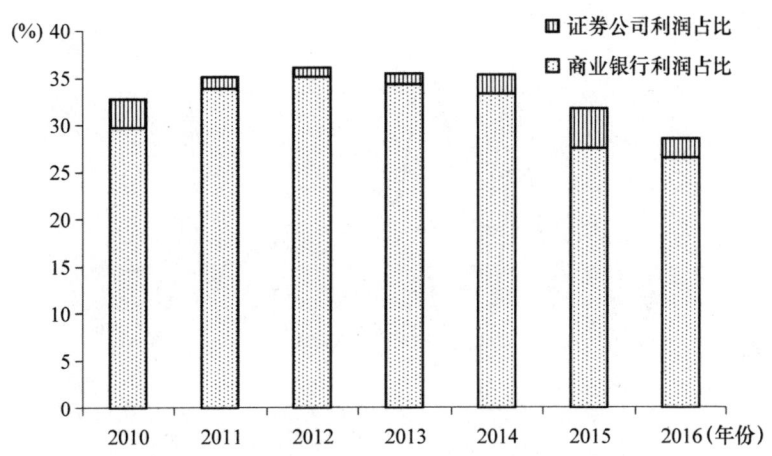

图1-10 银行业及证券业利润在金融业增加值中的占比

我们分别计算出人民币存贷款余额、股票交易额和保费收入三个指标的增速，并与金融业增加值增速进行比较，可以发现保费收入增速和股票交易额增速波动较为明显（见图1-11）。鉴于银行业在整个金融业中巨大的比重以及股票市场波动对整个金融运行的影响，我们保留人民币存贷款余额和股票交易额的增速，可以发现金融业增加值增速与股票交易额增速在

---

① 具体可参见第三章对乌鲁木齐和济南两个地区金融业增加值分项、分行业的统计。

走势上高度吻合。这意味着虽然证券业本身对金融业增加值的贡献不十分突出，但股票市场波动却与金融业增加值密切相关。换言之，资产价格因素在金融业增加值中扮演了重要角色——证券业和保险业的增长受股票市场影响最大，证券业从股票市场的上涨中直接获益，保险业也因股票市场上涨带来更高的投资收益（被计入增加值）。

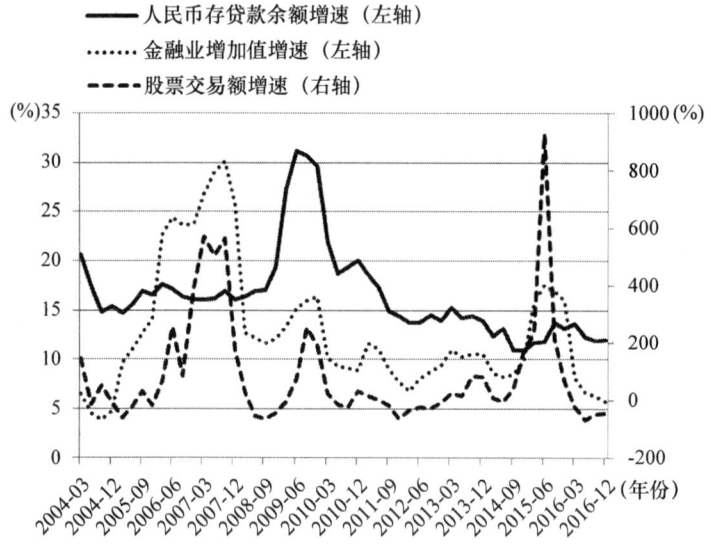

图1-11 金融业增加值及主要指标增速比较

（二）货币因素

中国金融业高增长的一个基本环境是银行主导的金融体系结构。根据社会融资总规模的构成，近年来虽然直接融资占比有较明显的提高，但基于商业银行体系的间接融资比重仍高达75%——这一点在上述统计因素中也有清晰的呈现。因此，理解金融业高增长首先是理解银行业的高增长，为此需要考察货币发行及其周转情况。

为应对美国金融危机的冲击，2009年中国M2增速高达

27.6%，当年 M2/GDP 为 1.74，而 2008 年 M2/GDP 为 1.49。此后 M2 增速虽然下降，但由于基数较大，宽松货币环境已然形成，M2/GDP 逐年攀高就是最好的证明。但值得注意的是，M2 增速与 GDP 增速在趋势上有两次较为明显的背离，即 2008—2009 年和 2014—2015 年（见图 1-12）。虽然货币增速仍有提高，但经济增速却在下降——第一次要归因于金融危机的冲击，第二次则表明经济发展的基础与环境发生了变化。经济新常态正是起源于此，意味着传统的宏观调控模式或许已经走到尽头，未来的需求管理需要与供给侧结构性改革相结合甚至在更大程度上要依赖于供给侧的改革。

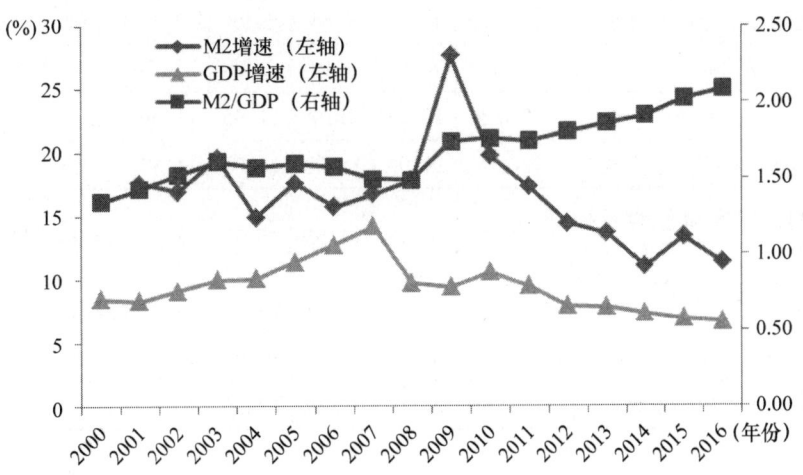

图 1-12 中国 M2 增速、M2/GDP、GDP 增速的变动情况

经济新常态在宏观层面的突出表现是经济增速换挡，在微观层面则表现为企业利润率的下滑和相应市场主体杠杆率的上升。以证监会分类的各行业上市公司为例，2010 年以来，采矿业，制造业，批发和零售业，交通运输、仓储和邮政业，住宿和餐饮业，科学研究和技术服务业，水利、环境和公共设施管理业等行业净资产收益率都表现出显著的下降势头；建筑业，租赁和商务服务业，文化、体育和娱乐业净资产收益率相对稳定；只有教

育、卫生和社会工作两个行业的净资产收益率有较为明显的上升（见表1-2）。面对下滑的实体部门利润率，新增发的大量货币流向哪里呢？这时，名目繁多的金融创新进入公众视野。

表1-2　　上市公司分行业净资产收益率（2010—2016）　　单位：%

行业 \ 年份	2010	2011	2012	2013	2014	2015	2016
采矿业	17.13	16.04	13.14	11.54	8.41	2.82	2.41
制造业	13.88	12.2	8.54	9.37	8.73	6.95	9.78
建筑业	12.91	13.51	11.23	13.45	12.99	11.89	11.38
批发和零售业	14.92	13.77	9.37	9.7	8.42	6.18	7.85
交通运输、仓储和邮政业	16.12	8.94	7.64	6.98	9.5	8.96	7.37
住宿和餐饮业	9.62	8.32	8.19	2.56	-3.26	6.62	6.04
租赁和商务服务业	10.24	10.28	10.9	11.95	11.36	11.63	10.25
科学研究和技术服务业	14.5	11.95	15.52	15.08	11.87	10	7.92
水利、环境和公共设施管理业	18.22	16.53	14.55	16.77	12.95	11.14	12.34
教育	2.71	1.47	17.01	28.85	29.77	22.43	11.44
卫生和社会工作	5.41	7.73	1.61	10.02	8.09	13.68	20.1
文化、体育和娱乐业	11.88	11.28	11.49	12.36	12.87	11.54	10.74

（三）创新因素

近年来，中国金融市场上的各类创新不断涌现，比如理财业务、非标业务、资管业务、委外业务、同业存单、互联网金融，等等。事出必然有因，这些创新背后的原因包括：（1）上述货币宽松与实体部门利润率下滑，逼迫金融机构去寻求能够给资金带来收益的活动。（2）利率市场化改革加速推进，自2013年7月20日起，取消金融机构贷款利率0.7倍的下限，全面放开金融机构贷款利率管制，由金融机构根据商业原则自主确定贷款利率水平；自2015年10月24日起，对商业银行和农村合作金融机构等不再设置存款利率浮动限制。利率放开给金融机构带来更大自主权，使其有能力、有空间去寻求更高的收益。(3) 金融本质上是一种稀缺资源，中国金融业的垄断竞争格局又加剧了这种稀缺性。大的金融机构或者系统性金融机构在很大程度上主宰市场并拥有定价权，新兴的互联网金融业务在市场上争夺资源并给传统金融机构带来压力，加剧了主要金融机构寻求更高收益的动力。在这些因素的综合作用下，所谓的影子银行成为银行的影子，商业银行—实体企业之间的信用链条在各种"创新"中被延长，金融部门的自我增长和内在强化得以形成。①

仅以委外业务为例，这项业务的"创新性"如此之强，以至于到目前都不能在官方文件中找到其明确的定义。市场上通常把委外等同于委托投资，即委托方将资金委托给外部机构（管理方）主动管理的投资业务，操作方式包括产品及投顾模式两种；对应着官方说法中"资产管理产品"中的"委托管理"部分及"委外投资—协议方式"（见图 1-13）。表面看，委外业务为实体部门获取资金提供了新的渠道，但因为存在至少两次传递，其将导致两种可能性，一是实体部门的融资成本被显著提高，二是金融部门通过加杠杆或者期限错配的方式把逼仄的收益区间放大。前者加剧实体经济"融资贵"的问题，后者将导致金融部门的高风险。结合从委托方及受托方两个角度估算的全市场委外规模，中信证券的研究推测截至2016年年末，实际委外规模或超过10万亿元。② 与此相对比，2016年新增人

---

① 关于通过业务创新延伸信用链条的更多分析，可以参见第二章内容。
② 中信证券分析认为，整个委外资金链条中共有两次套利机会，两次套利缺一不可：其一是银行委外所获收益与发行理财或存单等资金募集成本之间的息差，其二是委外受托方投资债市等所赚利差。2016年，委外产品收益率区间在4%—5%，且委外资金对投资的安全性保证要求较高；因此，在2016年"资产荒"的背景下，受托机构只能通过加杠杆、期限错配等方式实现第二次套利，委外成为诱发杠杆高企的重要资金来源。资料来源：CITICS 债券研究 (http://mp.weixin.qq.com/s/uJr5Be2IhWZFZV3LI8cQ##)。

民币贷款为 12.65 万亿元。

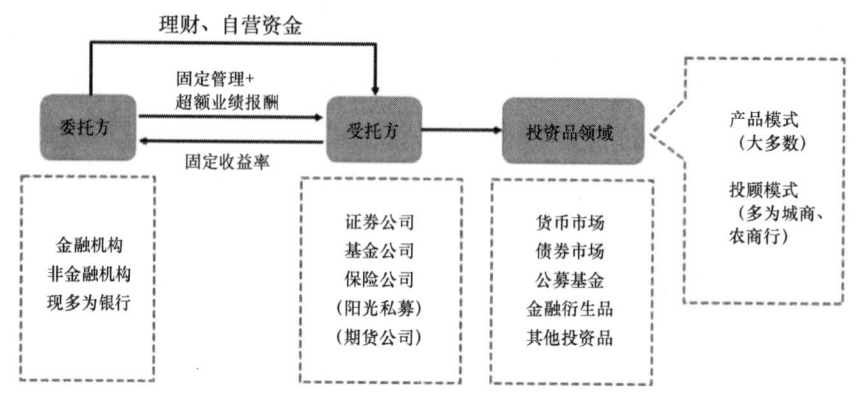

图 1-13 委外模式示意

资料来源：转引自中信证券研究部。

金融创新如雨后春笋般涌现，但中国金融监管格局一直没有明显改进。长期以来，中国实行"一行三会"的监管格局，在金融业务模式相对简单、金融产品创新不活跃的情况下，这种分工有利于明确监管责任和提高监管效率，但当各类金融创新不断涌现，监管空白和监管套利的问题就变得十分突出。比如上述委外业务，至少横跨了银行和证券两大行业；再如在资本市场上风生水起的"万能险"业务，则横跨了保险与证券两大行业，这其中的监管协调就变得至关重要。2013 年 8 月，《国务院关于同意建立金融监管协调部际联席会议制度的批复》公开发布，同意建立由中国人民银行牵头的金融监管协调部际联席会议制度，但在官级平等的制度环境下，所谓的"牵头"和"协调"更多停留在纸面上，2015 年以来证券市场上发生的诸多事件或许就是一种诠释。

（四）综合解释

把上述各种因素相结合可以绘制出图 1-14，从而给出中国金融业高增长的一个综合解释，包括起点、过程、阶段性的结果及未来的可能性。(1) 超额货币发行遇上了结构性减速，成为本轮金融业高增长的起点。曾几何时，需求管理模式在中国屡试不爽，但当中国经济增长逐渐结束人口红利时代，消费需求和投资需求需要更加注重质量时，传统宏观调控模式的缺陷便暴露无遗。(2) 放松管制后的金融创新遇上了相对滞后的金融监管。金融创新能力不足曾是中国金融体系的一大短板，因此对创新的鼓励一直为各界所呼吁，但对创新的深入研究仍然缺乏，比如什么是"合意的"创新以及如何实现"合意的"创新，都还需要进一步探讨。(3) 资产价格波动推波助澜，突出表现在股票市场和房地产市场上。超发的货币不愿意进入收益率偏低的实体部门，便在资产市场上横冲直撞，伴随着调控政策的松与紧而产生剧烈波动。

一言以蔽之，由于货币宽松，但实体经济下行，各种金融创新涌现，用以吸收和消化增发的货币，所谓的"资金空转"

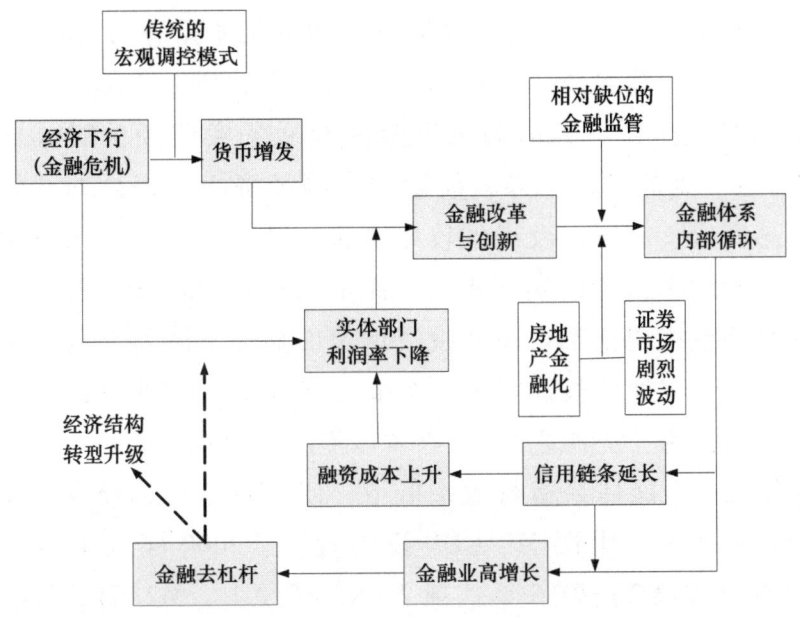

图1-14 金融业高增长：起点、过程及未来的风险

"脱实入虚"逐渐形成,最直接的表现就是金融部门自身的高增长。对此如果不能妥善处理,或将加剧经济下行和波动,发生系统性金融风险的可能性变得更大。要打破这种循环,只能稳步推进金融去杠杆,并与实体经济的结构优化和转型升级相结合。

三 中国金融业高增长的潜在风险

中国金融业高增长带来的风险可以从两个层面进行分析,一是金融业自身增长与实体经济不协调的风险,二是在强化监管背景下金融部门去杠杆可能带来的冲击。表面上看,前者是因,后者为果,但因果循环,一旦形成相互强化的反馈机制,则只有以更大的魄力推进改革,才可能打破这种循环。

(一)金融部门的潜在风险

第一,"资金空转""脱实入虚"等问题严峻,使金融稳健发展的基础丧失。金融业的本职是"服务实体经济",其利润最终只能来自实体经济。金融部门的异常增长与工业部门的快速下滑同时发生,一方面揭示出金融在服务实体经济时收取的"服务费"太高了,也即长期制约中国经济活力提高的"融资难、融资贵"问题仍没得到较好解决;另一方面反映出资金不愿进入利润率偏低的实体部门,而宁愿在金融市场寻找机会或者手持现金相机而动,民间投资增速的显著下降就是明显的证据。但是,这种增长模式绝不具有可持续性,实体经济下滑意味着金融成为"无源之水",终将以泡沫的形式幻灭。

第二,金融体系运行效率低下,使金融可持续经营的能力下降。近年来,中国 M2/GDP 显著提高,2000 年为 1.34,到 2015 年已突破 2,2016 年达到 2.08。传统上,M2/GDP 是衡量金融深化的指标,但如果这一指标偏高,则更多意味着货币周转效率的下降,反映出资金难以创造实际产出。这时其不再表示金融深化程度的提高,而是宏观金融效率低下的表现。更为重要的是,新增发的货币不能进入实体经济,反而引发资产价格上涨,进一步加剧了金融的不稳定。在各层次货币中,M1 主要是活期存款,M2 则包括了定期存款,M1 与 M2 增速之差通常被看作货币活期化的程度,能够反映经济景气指数。但这一规律在 2016 年也被颠覆,2016 年以来 M1 增速与 M2 增速之差持续拉大,但宏观经济景气指数却表现为下滑,反映出经济与金融的关系出现了变化(见图 1 – 15)。

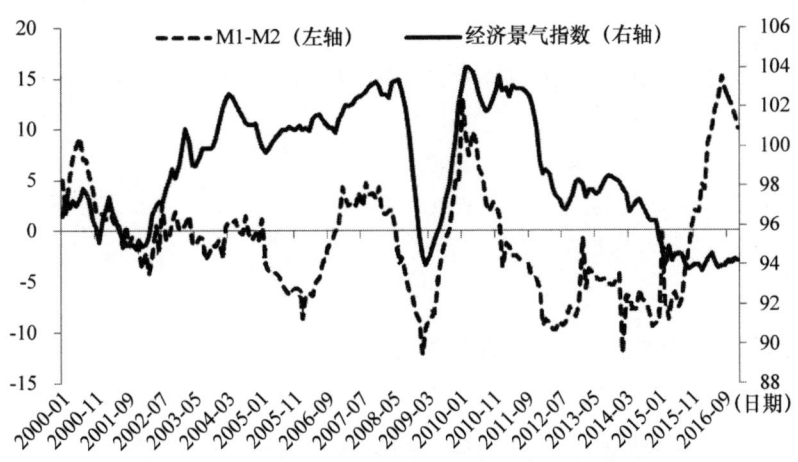

图 1 – 15 M1、M2 增速之差与经济景气指数比较

第三,金融工具单一和投资渠道缺乏,使金融风险在部分领域显著积聚。对国内企业而言,目前最主要的融资渠道仍是银行信贷,股票和债券等直接融资工具占比近年来虽有提高,但对大多企业特别是中小企业来说仍可望而不可即;新兴的互联网金融虽形式多样但规模有限,与银行信贷不在一个数量级上。对大多数居民而言,获取财产性收入的主要渠道只有股票和房地产,股票价格的剧烈波动一度导致市场上出现了"资产荒"的现象;房地产价格特别是一线城市房价的持续上涨让住

房成为最受青睐的"炒作"对象，房地产领域的风险已不容忽视。任泽平等的研究表明，全球房地产总市值相对于全球GDP的比例约为2.6，而中国目前房地产总市值已是GDP的4.11倍，表明房地产领域蕴含着比较明显的泡沫（见图1-16）。

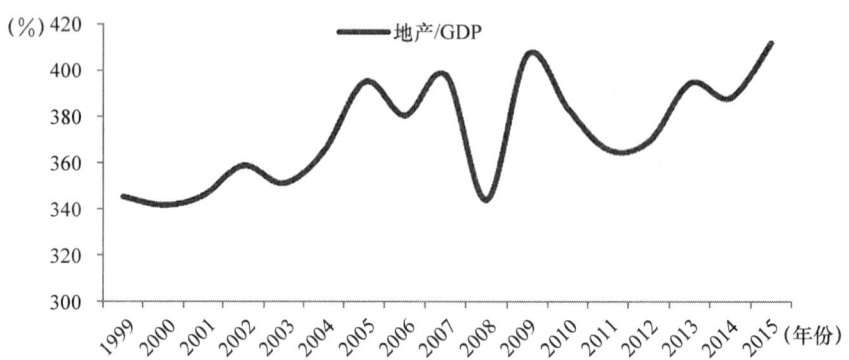

图1-16 房地产市场总市值/GDP

资料来源：汪泽平等：《中国房地产泡沫风险有多大？》，方正证券研究报告，2016年9月19日。

（二）金融去杠杆的潜在冲击

进入2017年以来，强化金融监管和金融反腐成为舆论热词，其背后意味着金融去杠杆的推进。在强化监管方面，银监会自2017年3月底以来在短短半个月时间内连续发布6个文件，指向银行业的"违法、违规、违章""监管套利、空转套利、关联套利""不当创新、不当交易、不当激励、不当收费"等活动，提出要"切实弥补监管短板提升监管效能"和"提升银行业服务实体经济质效"（见表1-3）。此外，自2017年一季度开始，中国人民银行在开展宏观审慎评估（MPA）时已正式将表外理财纳入广义信贷范围，以合理引导金融机构加强对表外业务风险的管理。"关于规范金融机构资产管理业务的指导意见"也正在制定和完善过程中，其覆盖对象包括但不限于理财产品、信托计划、公募基金、私募基金，各类金融机构发行的关于资金池操作、非标资产投资、多重嵌套等资产管理产品也将被纳入规范治理范围。

表1-3　　　　关于强化金融监管的部分文件和意见

序号	文件名称	文号	发布单位	日期
1	关于开展银行业"违法、违规、违章"行为专项治理工作的通知	银监办发〔2017〕45号	银监会	2017—03—29
2	关于开展银行业"监管套利、空转套利、关联套利"专项治理的通知	银监办发〔2017〕46号	银监会	2017—03—29
3	关于提升银行业服务实体经济质效的指导意见	银监发〔2017〕4号	银监会	2017—04—07
4	关于开展银行业不当创新、不当交易、不当激励、不当收费专项治理工作的通知	银监办发〔2017〕53号	银监会	2017—04—07
5	关于银行业风险防控工作的指导意见	银监发〔2017〕6号	银监会	2017—04—10
6	关于切实弥补监管短板提升监管效能的通知	银监发〔2017〕7号	银监会	2017—04—12

资料来源：根据公开资料整理。

在强化监管的同时，金融去杠杆的工作或许已经悄然展开。2017年以来，货币当局总资产从1月份的34.8万亿元下降至3月份的33.7万亿元，下降了1.1万亿元；其中，外汇占款下降0.1万亿元，对其他存款性公司债权下降了1万亿元（对政府债权、对其他金融性公司债权未发生变化，对非金融公司债权略有增加）（见图1-17）。还应注意到，在此过程中，央行曾连续多日未开展公开市场操作，也未向市场投放资金，在去杠杆同时进行压力测试的用意已经有所显现。

如果上述势头得以持续，金融去杠杆的冲击首先体现在各类金融市场上，比如债券市场资金面变得紧张、股票市场上涨乏力等；其次要考察的是如果资金不停留在金融体系内部，是

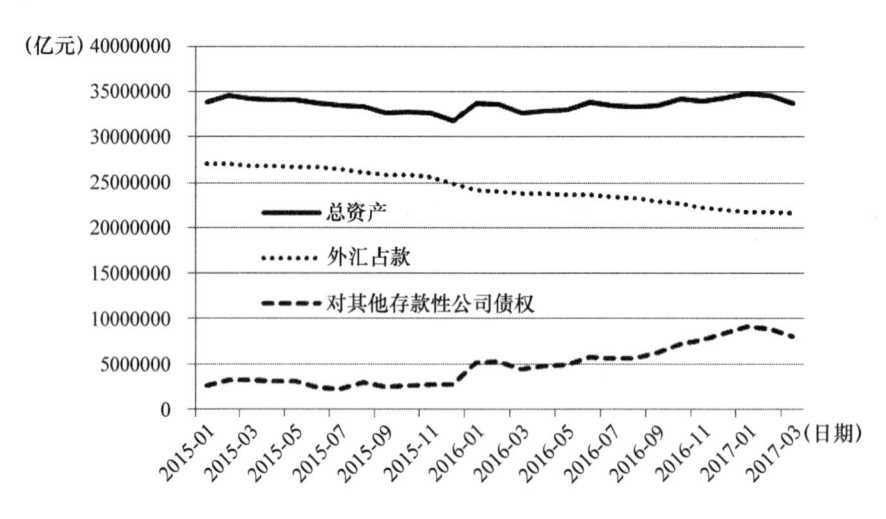

图 1-17　中央银行主要资产变动情况

否能够进入实体经济以及以什么样的价格进入实体经济，这直接决定了"脱实向虚"能否转变为"脱虚向实"。对此，需要谨慎把握金融去杠杆的力度和节奏，既保证不因杠杆的快速去除而影响金融市场稳定，又能够挤压资金在金融体系内空转的空间并迫使其进入实体部门，通过寻求那些富有前景的投资项目进而带动整体经济的转型升级。值得注意的是，在这个过程中要特别关注资产价格的变化，防止资产价格快速上涨对资金形成新的吸引力和再次掉入"脱实向虚"的陷阱。①

发达国家的经验显示，在经济扩张期，资产价格上升放松融资约束，杠杆率上升，但还未到顶部。这是因为杠杆率本身也受资产价格影响，高资产价格提高了企业总资产估值，降低了杠杆率。一旦资产价格下降，负债名义价值不变，净资产大

---

① 有研究表明，推动资产价格上涨过程中，市场受乐观预期的驱动会显著增加资产的购买规模，并减少对实体经济的投资；融资约束收紧则会强化这一机制，导致更多资金"脱实向虚"。由于资产价格上涨并未推动产出水平上升，市场对资产价格持续上涨的乐观预期不断减弱，转向悲观预期的倾向明显增强，资产泡沫破裂概率将显著提高。参见陈彦斌、刘哲希、陈伟泽《推动资产价格上涨能够"稳增长"吗？——基于含有市场预期内生变化的DSGE模型》，经济研究工作论文WP1178，2017年。

幅下降，杠杆率将大幅上升。也就是说，高资产价格背景下，现有的资产负债率低估了真实的杠杆率，一旦经济下行再叠加资产泡沫的破裂，将会产生"去杠杆—产出收缩—价格下降"的螺旋式循环，即下行阶段的金融加速器效应，"去杠杆"通过"债务—通货紧缩"循环加重经济的衰退。在这个过程中，流动性将再次成为关键词，市场流动性很可能从一个极端走向另一个极端，从过剩转变为稀缺。对此，我们有必要重温马克思的经典论述："危机一旦爆发，问题就只是支付手段。但是因为这种支付手段的收进，对于每个人来说，都要依赖另一个人，谁也不知道另外一个人能不能如期付款；所以，将会发生对市场上现有的支付手段即银行券的全面追逐。每一个人都想尽量多地把自己能够获得的货币贮藏起来，因此，银行券将会在人们最需要它的那一天从流通中消失。"

四 应对中国金融业高增长的对策建议

第一，改进和完善宏观调控框架。坚持稳中求进的总基调，保持战略定力，使需求侧管理与供给侧结构性改革相配合。一方面，要通过有效需求管理为供给侧改革创造稳定的环境并赢得改革的时间；另一方面，避免需求管理越俎代庖，重回传统宏观调控的老路。货币政策方面，应改进和完善宏观审慎评估体系，将经济增长、货币稳定、金融稳定纳入统一框架，进一步健全利率传导机制，使货币政策操作更具针对性。信贷政策方面，应鼓励金融机构强化对实体部门特别是先进制造业等领域的支持力度。

第二，协调推进金融领域的创新与监管、改革与开放。其一，要甄别合规、合意的金融创新并加以鼓励，对戴着"金融创新"的帽子进行不合理竞争的行为则应有相应的监管措施。比如，以产融结合为目标的金融创新值得推广，而基于"万能险"模式的保险资金的"兴风作浪"就需要限制。其二，尽快落实"积极稳妥推进金融监管体制改革"的要求，特别是要加强监管部门之间、中央与地方监管之间的协调机制，探索建立地方金融监管的有效模式，形成"全国一盘棋"的金融风险防控格局。其三，协调推进金融领域的改革与开放，允许更多外国金融机构进入和开展业务，并根据形势变化适时调整资本项目开放与人民币国际化的节奏。

第三，增加金融机构与产品供给，通过强化竞争来降低金融业的利润率。有观点认为，当前银行业发展模式雷同，从防范风险的角度来说不宜设立过多银行。我们认为，模式雷同恰恰是竞争不够充分所引致，银行靠存贷款利差过好日子的局面并没有完全改变；强化竞争或许会形成一些风险，但由此所带来的风险大多为个体风险，不至于产生大的冲击；如果不强化竞争，金融因为垄断而形成的风险积聚会更加显著，且一旦爆发就多为系统性、区域性风险。只有以强化竞争的方式降低金融业利润率，实现金融部门与实体经济在利润率上的协调，才能从根源上防范金融业异常增长的风险。当然，实体经济利润率的提升还需要与"降成本"相结合，比如税费成本、制度成本等。

第四，遏制资产价格的过快上涨，严密防控资产价格泡沫，扭转持有资产比投资实业更赚钱的局面。一方面，货币政策"保持稳健中性"，但操作应该更加精确，研究和改进货币投放方式，把数量调控与价格调控更好地结合起来，让更多资金有效进入实体领域。另一方面，坚决打破"刚性兑付"等陈旧的思维认识，下决心处置一批风险点，让"风险收益相匹配"在各个领域都得到体现，强化投资者的风险意识。当然，风险处置应与金融消费者权益保护相结合，特别是要加强对合法权益的保护。

第五，进一步显著提高直接融资比重，让金融更好地服务于实体经济。2014年来，直接融资在社会融资总规模中的占比有明显提高，但相比实体经济日益增长且更加多样化、更富个性化的金融需求，直接融资规模仍然不足。对此，需要更快、更深入地贯彻落实《关于进一步显著提高直接融资比重优化金融结构的实施意见》，进一步健全直接融资市场体系，积极拓展直接融资工具和渠道，提高直接融资中介机构的服务水平，营造直接融资稳定健康发展的良好环境。我们建议，在"十三五"金融业发展规划中，把2020年直接融资占比这一指标提高至30%，把金融业增加值占比这一指标设置在8%左右。

第二章 中国金融业高增长：货币因素[*]

在中国以间接融资为主导的金融体系中，货币政策过度侧重增长目标使金融业高增长成为必然；而在利率市场化背景下，影子银行等金融机构的兴起对中国金融业高增长起到了助推作用。在经济新常态的环境中，保增长不该成为货币政策的核心目标。为了抑制金融业高增长带来的潜在风险，货币政策调控方式亟须改变，特别是应与金融监管政策相协调；同时，还应建立多层次的金融供给体系，增加金融供给，降低金融套利风险。

一 金融业增长与货币供应的特征事实

自2005年开始，中国金融业增加值占GDP的比重逐年上升，截至2016年年底已达8.4%（见图2-1）。从金融业增加值增长的情况来看，在2005年之后，中国金融业增加值同比增速基本高于GDP增速；尤其在2012年之后，中国经济金融"新常态"导致GDP增速下滑，但金融业增加值增速却逆势上扬。2015年，中国金融业增加值名义增速高达23%，实际增速达16%，超过GDP增速10个百分点，出现了明显的"剪

---

[*] 本章作者为汪川。

刀差"。①

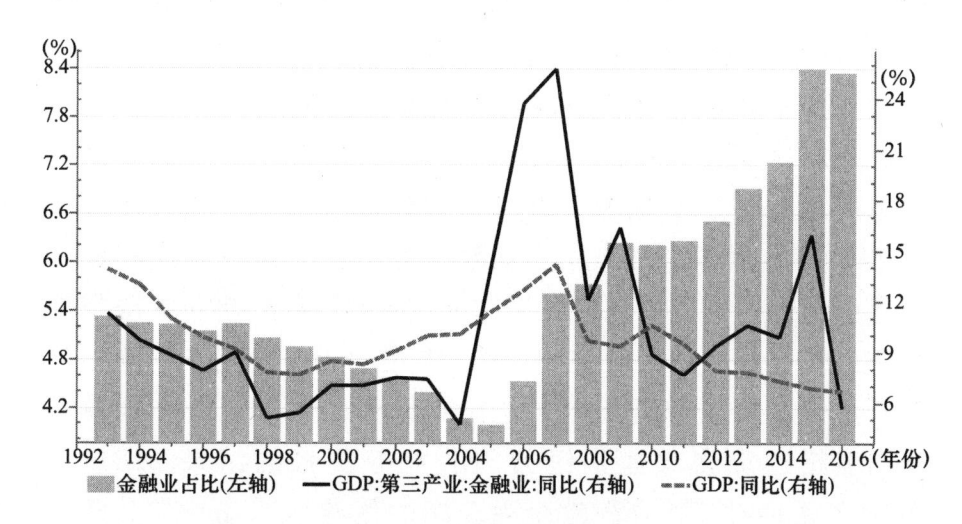

图 2-1 中国金融业高增长

中国金融业增长背后存在货币扩张的支撑。若除去 2015 年前后的股市泡沫，中国金融业名义增速与 M2 同比增速保持了较强的一致性（见图 2-2）。究其原因，在中国以间接融资为主

图 2-2 中国金融业增长与 M2 增速

---

① 如无另外说明，本章数据均来源于 WIND 数据库。

导的金融体系中，银行业占绝对主导，而银行贷款会通过派生存款的方式最终体现在广义货币 M2 当中，因此，中国金融业增长与 M2 增速保持了大致相同的趋势。

中国金融业高增长不仅与货币扩张息息相关，同时也与银行资产规模密不可分。尤其在 2011—2014 年，中国金融业实际增速远超 GDP 增速，其背后逻辑就在于影子银行扩张导致银行资产规模扩大；另一方面，由于影子银行规模扩张并不完全计入信贷，因此，如图 2-3 所示，在此期间中国贷款增速出现下降。受此影响，中国 M2 增速也出现稳步下降，但银行总资产规模却出现上升。究其原因，银行业资产规模增速明显超过贷款增速是银行同业业务扩张的结果。2011—2014 年银行对其他存款性金融公司的债券增速几乎与其资产增速同步印证了该结论，通过扩张同业以逃避监管部门对贷款规模的严格限制，银行业在经济下行企业盈利恶化之际，选择逆势扩表增利润，将资金借助同业通道投向房地产、基建等部门。

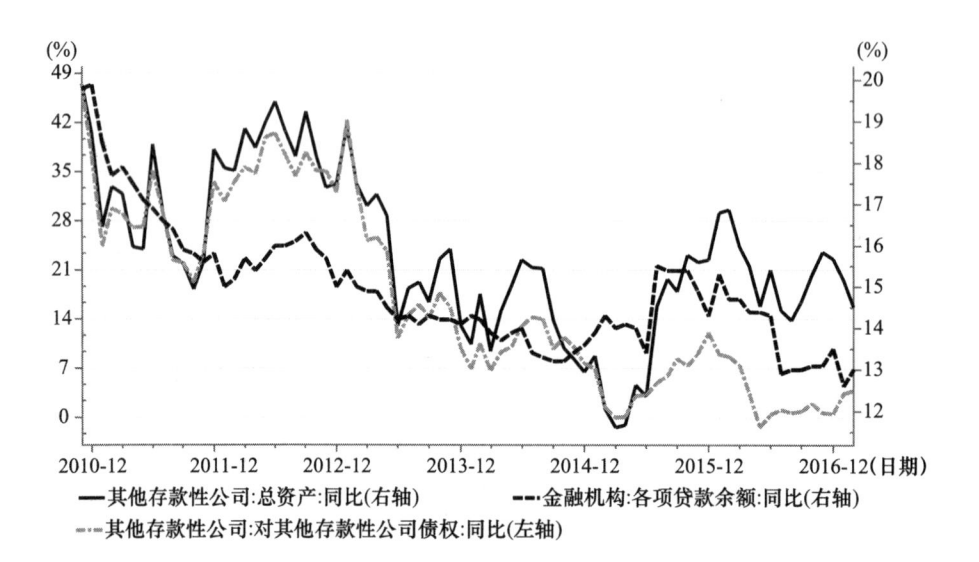

图 2-3 贷款和银行资产增速

二 中国金融业高增长的货币与市场环境

(一) 中国货币政策的三个阶段

从过去15年中国货币政策的执行手段来看,大致可以将其分为三个阶段。

在2002—2007年的第一阶段中,由于长期以来国际收支一直是双顺差,所以我们基础货币的投放方式主要是靠外汇占款来进行。为了对冲外汇占款的影响,避免通货膨胀所带来的压力,实际上从2002年开始,中国央行首创央行票据,通过央行票据的投放来回收基础外汇占款以及基础货币,以减少流动性的压力。同时,在这一阶段,由于利率市场化未充分实现,央行通过制定存贷款管制利率以调节信贷需求和供给。总的来看,在这一阶段,外汇占款和银行信贷构成了中国货币投放的主要方式,中国的货币政策是一种典型的数量型货币政策(见图2-4)。

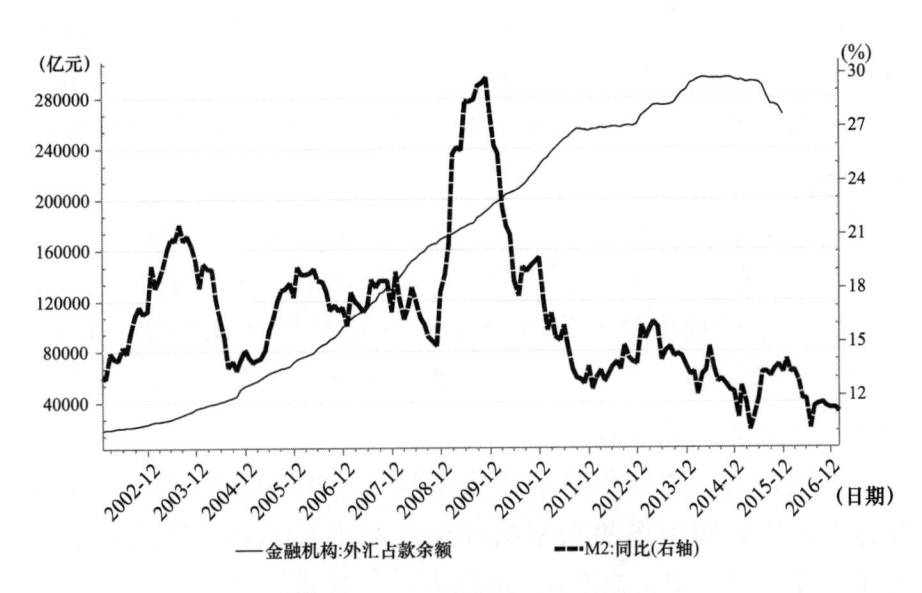

图2-4 外汇占款余额与M2增速

第二阶段为2007—2012年。自2007年金融危机之后，中国外汇占款开始逐步出现了负增长，基础货币的投放也在减少，过去对冲基础货币的央行票据规模也逐渐减少。与此同时，金融危机带来的经济下行压力增大。因此，在第二阶段，央票工具的地位逐渐下降，在此期间中国央行更多地使用存款准备金率、再贷款和公开市场操作等货币政策传统手段调节商业银行流动性。与此同时，随着中国利率市场化的加快，利率调控在这一阶段的货币政策执行中发挥了更加重要的作用。

第三阶段为2012—2017年。在这一阶段，中国经济进入"新常态"，经济增速出现下滑；同时，中国所面临的国际国内经济环境也更为复杂。在国际方面，美国经济复苏导致美联储加息和美元进入升值周期，这对人民币币值稳定形成较大压力。在国内方面，为了保持中高速增长，货币政策一方面要有所作为；另一方面，过度扩张的货币政策不仅与供给侧改革的"去杠杆""去产能"等要求相冲突，同时还会造成资产价格泡沫，加剧当前宏观经济金融风险。

面对如此复杂的国内外环境，传统的存款准备金率、再贷款和公开市场操作这货币政策的三大政策手段并不能满足结构性调控的要求。尤其就存款准备金率调控而言，由于其规模庞大、影响范围广泛往往被视为全面宽松（紧缩）的货币政策。因此，在中国宏观经济进入"新常态"的局面下，中国央行通过改造传统货币政策工具，打造了定向降息降准、常备借款便利（SLF）、中期借款便利（MLF）以及抵押补充贷款（PSL）等"升级版"的货币政策工具，通过不同的期限和利率，有效满足了市场对流动性的需要。

不仅如此，随着利率市场化的加速，中国取消了存贷款利率限制；银行间市场的利率品种也逐渐丰富，利率调控的货币政策体系初见雏形。自2013年以来，在货币政策工具创新的基础上，中国已初步形成以常备借贷便利利率为上限、以超额准备金存款利率为下限，形成以 SHIBOR 利率为核心的市场化利率体系。在确定"利率走廊"的上下限后，中国央行可以通过基准利率来影响存贷款等其他利率，从而通过影响金融中介的信贷行为来间接调控宏观经济变量。

（二）货币宽松与金融业高增长的必然性

货币宽松与金融业高增长的必然性来自中国间接融资主导的金融体制。在间接融资体制下，货币政策借助于信贷投放完成，此机制造成货币增长与金融业增长相伴。

如果把广义货币 M2 进一步区分为基础货币和货币乘数两部分，则中国金融业高增长可以以 2012 年为断点分为两个阶段：在 2012 年之前，中国金融业高增长伴随着基础货币的扩张，基础货币投放的货币政策构成金融业高增长的支撑。

在 2012 年之后，中国金融增加值增速虽然与 M2 累计增速相吻合，但与基础货币增速背离，基本呈现金融业增速与基础货币增速的差距扩大的趋势。我们计算了 2008 年以来 M2 累计增长倍数和金融业增加值的累计增长倍数，发现两者差异不大，金融业增加值累计增长 239%，M2 累计增长了 226%，但基础货币累计增速 184%，明显低于 M2、金融业累计增速（见图 2-5）。可见 2012 年之后的金融业扩张更多来自信用派生，而不是基础货币扩张。

从商业银行的资产负债表来看，商业银行可从三个主体融入资金：央行、同业金融机构、实体企业和居民部门；此外商业银行还可以通过发行金融债融入资金。同时，商业银行可以将资金投给三个主体：央行、同业金融机构、实体企业和居民部门；此外商业银行还可以利用资金购买金融资产。在传统意义上，央行通过准备金或者外汇资产渠道投放基础货币，商业银行准备金存款增长促使其将资金通过债券投资和贷款发放等渠道流入实体经济（见图 2-6）。但自 2012 年之后，央行的基

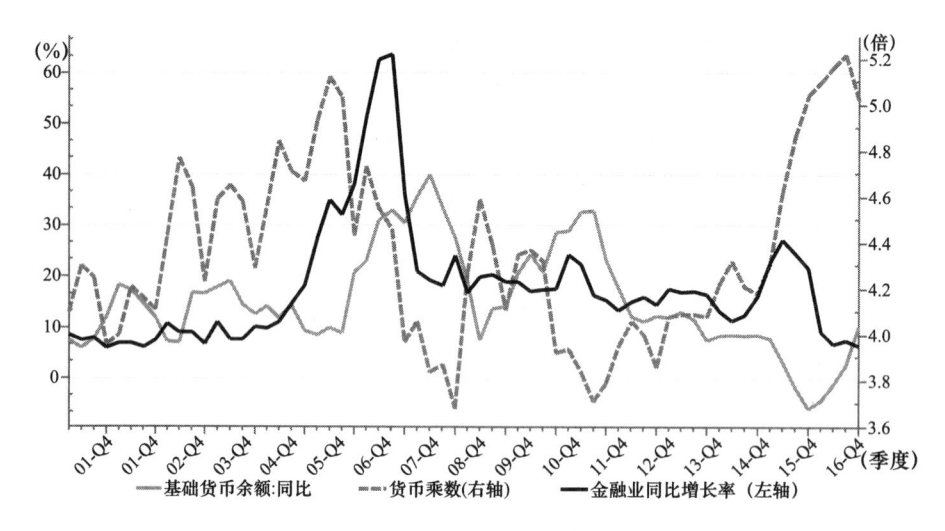

图 2-5 金融业高增长与基础货币增速、货币乘数

础货币投放逐渐减弱，商业银行可以通过同业业务等方式提供流动性，从而实现资金扩张。

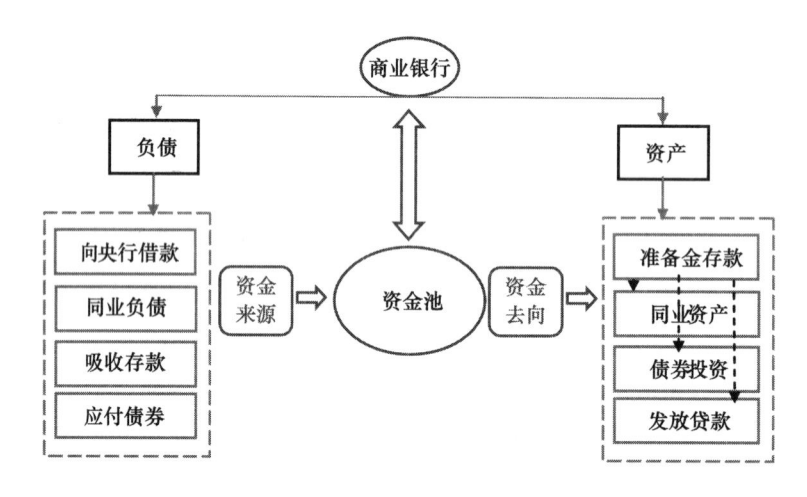

图 2-6 商业资产负债与货币发行

图 2-7 进一步印证了该结论。在资产方，2012 年之后中国商业银行的准备金存款占全部资产的比重逐年下降；而在负债方，商业银行对其他存款性金融机构和非银行金融机构融资的

比重持续上升。这是因为,商业银行通过同业业务把自有资金通过迂回的方式发放出去,进而创造货币。比如,商业银行直接购买实体经济中的债券或者通过同业业务提供流动性,这等价于商业银行发放表内贷款,当然会创造货币,从而提高货币乘数。

图2-7 商业银行的资产负债结构变化

总体来看,在间接融资体制下,无论是何种渠道实现的信贷投放都将反映在广义货币M2中。究其原因,在信用扩张机制过程中,货币从央行流出、在其他金融机构和非金融机构和居民部门内流动,最终回到央行资产负债表。货币每流转一次,就带动实体信贷扩张一次。

图2-8描述了中国货币投放伴随的信用扩张机制。商业银行在负债端承接来自央行的基础货币投放;同时,商业银行与实体部门之间进行信用派生。在派生过程中,信用每一次扩张,都伴随着货币沉淀或退出流通领域。贷款派生存款过程中,货币以"流通中的现金"、存款准备金或商业银行库存现金沉淀下来。与此同时,商业银行负债端的"吸收存款"和资产端的"发放贷款及垫款"不断膨胀,商业银行资产负债表扩张;实体

部门资产和负债也同时扩张。

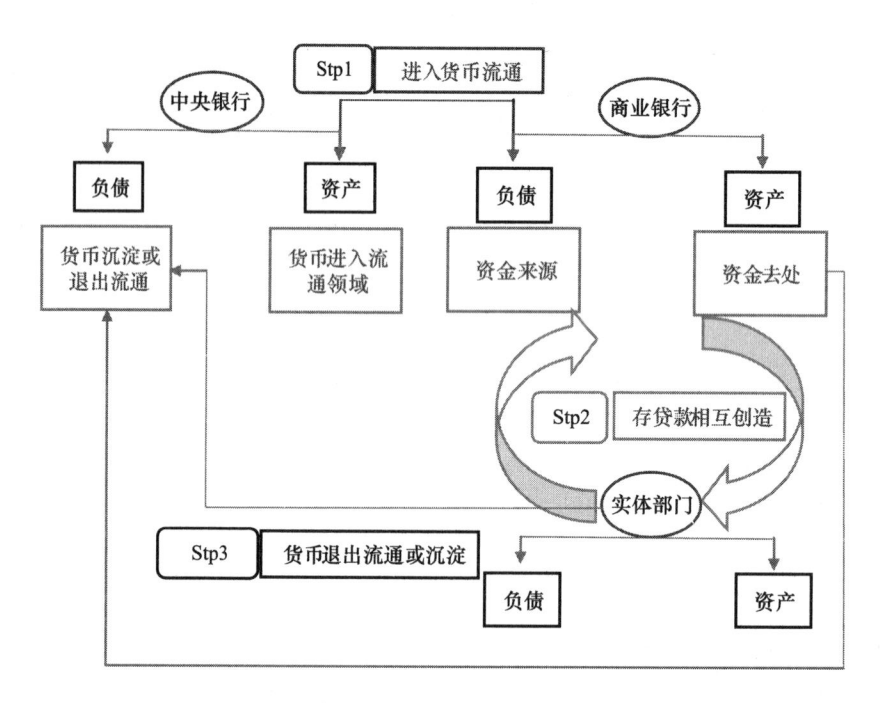

图 2-8 间接融资体制下的货币扩张与信用投放

由此可见,在间接金融体制下,货币政策为了实现经济增长目标,通过投放货币信用的方式使得央行、商业银行以及实体部门资产负债表均扩张。因此,金融机构在资产负债表扩张的过程实现高增长,而该过程即信用扩张过程,同时也是货币投放的过程。

(三)利率市场化背景下影子银行的助推

中国银行业高增长不仅与广义货币增速相关,且在利率市场化背景下,影子银行等金融机构的兴起对中国金融业高增长起到了助推作用。

图 2-9 显示,自 2012 年以来,中国商业银行对其他金融机构债权增速与货币乘数变化均保持一致,由于商业银行同业业

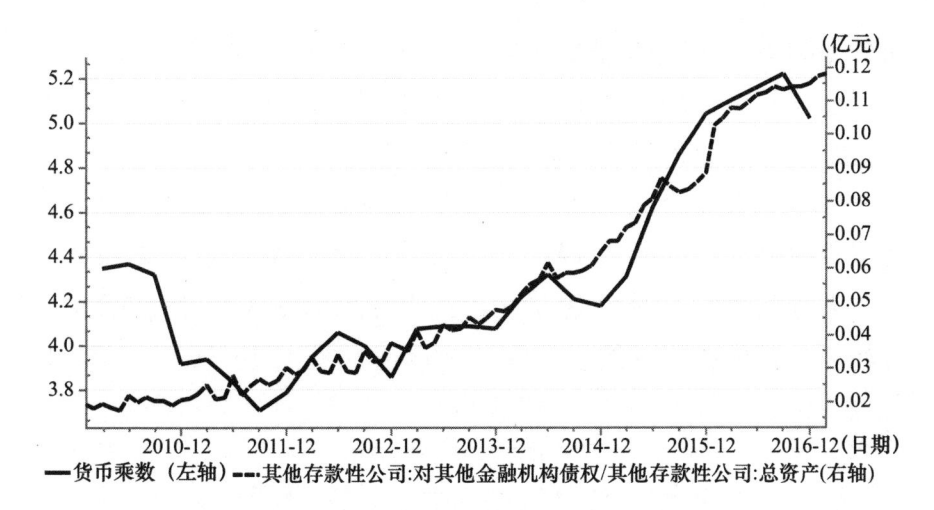

图 2-9 商业银行同业业务增速与货币乘数

务大致反映了中国影子银行的扩张,因此,中国金融业扩张的背后影子银行的作用不可忽视。

尤其是近年来,中国金融业存在"脱实向虚"的迹象,其直接表现就是金融体系非存款性负债占比较高:从 M2 与 GDP 占比来看,截止到 2016 年年底已达到 208%,就货币增速而言,2016 年广义货币 M2 增长只有 11%,增速在下降;但是需要注意的是,M2 本身主要由存款构成,对于银行而言是一种负债,但银行除了存款以外还有其他的负债。2016 年银行的总负债是 230 万亿元,总负债增速接近 16%,远超 11% 的存款增速,这意味着其中 1/3 的非存款负债在以 20% 以上的速度高速增长。

中国影子银行兴起的原因在于间接融资体系下较低的融资效率和监管套利。在中国的金融体系中,大型银行占据了绝对优势,其从央行和存款端获取资金较为便利,且负债规模整体较大;相比之下,中小银行和其他金融机构从央行和存款端获取资金较为困难,且负债规模整体较小。另一方面,大型银行客户定位较为明确,创新动力不足,同时受到较严格的金融监管;而中小银行和其他金融机构业务空间有限,但创新性较强,同时受到的金融监管相对较弱。中国金融业的这种特点使得中小银行和其他金融机构相比大银行更积极地从事创新和监管套利,影子银行业正是在这种背景下兴起的。

具体而言,由于大银行负债基础较好、资金充足,且相对其他金融机构创新性较弱、面临较强金融监管,金融体系内资金从大行漏出给其他金融机构,而其他金融机构借助监管漏洞套利和金融创新,其规模扩张较为迅速(见图 2-10)。

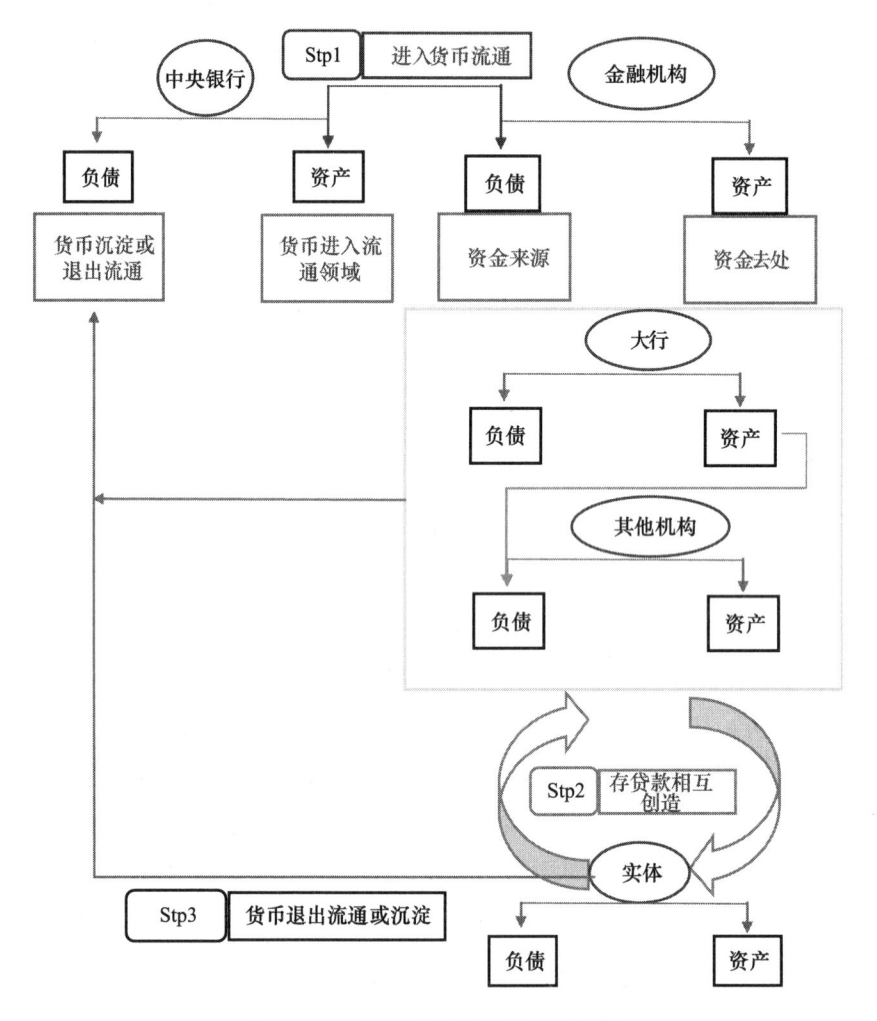

图 2-10　影子银行与信用链条加长

情形1：其他金融机构从大行融入资金，投资增量资产。

大行将闲置资金通过"同业资产"等方式融资给其他金融机构，其他金融机构将获得资金投资增量资产（债券、贷款或非标），其资产端扩张。值得强调的是，大行本应可以根据这笔闲置资金派生增量资产，而融资给其他金融机构之后，大行资产并未扩张；其他金融机构因这笔资金进行了资产负债扩张。这意味着，大行将闲置资金对应的信用扩张能力让渡给其他金融机构，从实体经济部门来看，其获得的融资水平并无变化，但金融体系内的信用链条却进一步拉长。

情形2：其他金融机构从大行融入资金，投资大行的存量资产。

与情形1相同，大行将闲置资金融资给其他金融机构，其他金融机构负债端也发生同样变化。但与情形1不同的是，其他金融机构将资金投向大行的存量资产（例如债券），此时资金再次回到大行表内部分。值得强调的是，这种结构性扩表模式对金融体系流动性带来深刻影响，不仅资金流向实体经济速度变慢，同时期限错配风险加剧，且蕴含流动性风险。

上述分析只考虑了中国金融体系的分割带来的创新和监管套利，如进一步考虑到利率市场化因素，影子银行将进一步扩张，信贷投放链条也将进一步加长。

随着利率市场化的加速，中国银行间市场的产品种类不断丰富；加之在相对宽松的货币政策环境下，银行间市场利率下降，从银行间市场融资加杠杆成为中小银行和其他金融机构的普遍做法。在银行间市场诸多产品中，同业存单发行有助于绕开监管，成为中小银行加杠杆的重要途径。与同业存款相比，同业存单更加标准化、流动性好、利率更低，再加上同业存单被当成应付债券来处理，并没有纳入银行同业负债的考核监管中，所以同业存单成为近几年银行主动加杠杆的主要方式。

如图2-11所示，从2015年以来，银行间市场的低利率降低了同业存单的发行成本,与此同时,同业存单的发行规模也大幅攀升,截至2016年年底同业存单托管量已经达到了7.4万亿。从结构上来看,股份制银行和城商行由于吸收存款能力有限,为了实现资产负债表规模的扩张,发行余额接近90%,是同业存单的主要发行者。

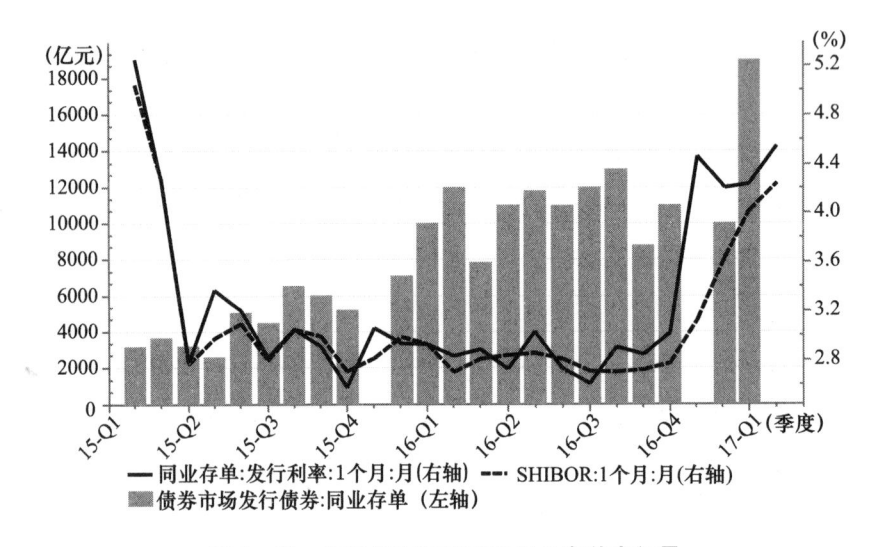

图 2-11 银行间市场利率和同业存单发行量

在银行间市场借入资金后,中小行和其他金融机构利用拆入资金开展投资。根据购买的是既有存量资产还是新增资产,可将期资产投资分为两类:一是购买存量资产(存量资产主要来自大行);二是购买增量资产。就结果来看,购买存量资产时实体部门资产负债表没有变化,但信用链条进一步拉长;购买增量资产时,实体部门资产负债表才会扩张。此外,这种购买资产也可借其他金融机构进行投资,而在这个过程中,其他金融机构往往在货币市场上进一步拆借短期资金,进行狭义上的"加杠杆",信用链条再一次被加长(见图2-12)。

值得注意的是,即使在影子银行体系下,金融体系资金最终也进入实体部门,但是,影子银行和信贷链条的加长降低了

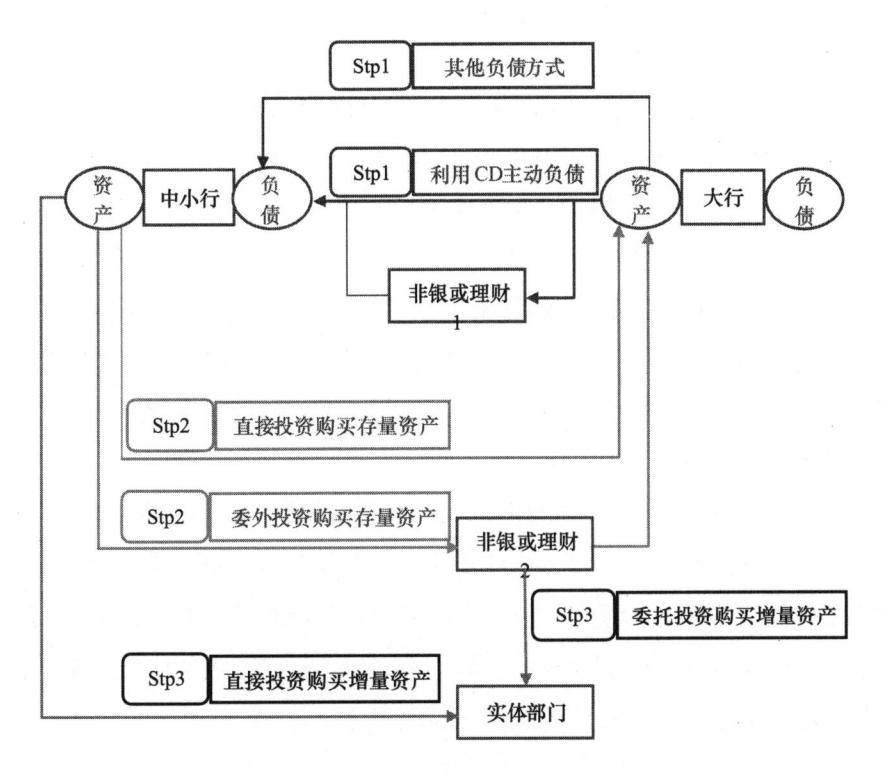

图 2-12　影子银行体系下的信贷扩张机制

金融体系的融资效率,并导致 M2 低估货币增速、央行货币政策传导不畅以及金融风险扩大等问题。

具体而言,从统计上来说,M2 衡量的是银行系统为实体经济提供的货币量,包括实体企业、个人和非银行金融机构;而银行之间、银行与非银行金融机构之间借贷、加杠杆创造的货币是没有被统计入 M2 中的,所以在影子银行体系下,M2 低估了货币总量。例如同业存单不需要缴纳准备金,但能不断在金融机构之间创造杠杆、创造流动性,所以尽管近几年 M2 增速比较低,但金融机构内部创造的流动性却快速增长。这样不仅导致金融市场风险积聚,也影响货币政策的传导,这是因为央行打造"利率走廊"的一大环节是央行直接作用于银行间的短期利率,间接影响银行对实体经济的贷款利率;而当前情况下央行提供的廉价资金却在金融市场打转,向实体经济的传导是不通畅的。

(四) 一个案例：同业存单与同业理财市场

近期，在商业银行非存款负债中，同业存单和同业理财增长尤为迅速。截至2017年3月10日，中国银行业共发行同业CD余额7.5万亿元。从近几年趋势来看，确实是处于爆发性增长期。由于同业存单的本质上是一种存款，只是向金融机构发放，其和存款区别在于同业存单不需缴纳存款准备金，所以可以无限制创造流动性。这就使得银行总负债的实际增长远远超过了M2的增速。

伴随同业存单发行量的扩大，同业理财市场规模也出现飙升。从2014年6月到2016年6月，仅仅2年时间，同业理财市场规模就已达20万亿元。中小银行是同业理财的主要购买者，其在银行间市场发行同业CD吸收资金，然后主要投放于同业资产，比如购买同业理财产品，赚取利差。

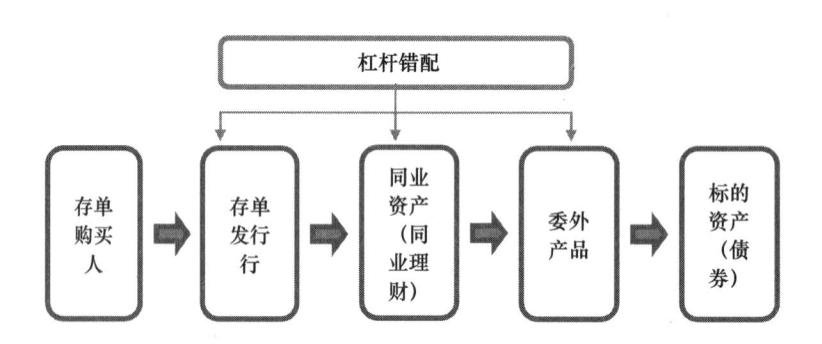

图2-13 存单发行与债券市场加杠杆的资金链条

同业存单和同业理财市场显著扩大背后是债券市场加杠杆的支撑。图2-13总结了同业存单的资金投向与债券市场加杠杆的链条，图中显示，资金从最初的CD购买人（大型银行或基金）出发，中间两到三次加杠杆、错配，最终投向标的资产。同时，上述链条也意味着图中四个环节的利率是逐步提高的，这种资金套利行为占用了大量资金，即使最后投向了实体经济，没有资金空转，也存在嵌套环节过多、风险过大等问题。这具体表现为整个市场的杠杆、错配过高。在存单发行和加杠杆套利的过程中，债券市场的资金链条过长；除此之外，为了扩大收益，往往还存在严重的期限错配，导致整个金融市场隐含风险过高。

三 金融业高增长与货币政策的内在逻辑

总体来看，中国金融业背离经济增速持续高增长的原因较为复杂。从微观角度看，是金融体系出于盈利需求进行监管套利，导致金融创新和影子银行体系膨胀。从宏观和货币政策角度来看，中国金融业高增长主要由三个因素造成：一是中国货币政策目标和手段冲突；二是金融监管与货币政策之间缺乏协调；三是利率市场化遭遇"新常态"条件下经济增长下行。

（一）货币政策目标与手段之间的冲突

中国金融业高增长是间接金融体制下货币信用投放的结果，同时，利率市场化下影子银行迅速发展也起到了助推作用。但归根结底，这两者背后都是货币政策目标和手段的冲突。

1. 货币政策过度侧重增长目标使金融业高增长成必然

就货币政策目标来看，由于经济处于增长和转型时期，中国货币政策目标除了通货膨胀和经济增长之外，还肩负着充分就业、国际收支平衡的年度目标和推动金融业改革发展的动态目标。从长期来看，中国货币政策的各个目标大体一致，但从短期来看，中国的货币政策目标过多。比如在当前国内经济不确定性较强阶段，中国的货币政策要维持人民币汇率，就需要货币政策适度紧缩；但若要保持经济增长目标，就要求货币政策中性偏宽松；同样的，在内部目标中，增长和通胀目标在短期内也存在一定冲突。

就中国货币政策情况来看，中国货币政策往往更侧重经济增长和就业目标，在具体执行中，货币政策也根据经济增速预定了每年的货币供应量目标。考虑到中国以银行为主导的间接融资体制，以及银行利润构成中利息收入占主导，因此，高货币政策目标对应了高信贷增速，从而也就意味着银行业高增加值。

2. 目标工具冲突造成市场流动性过剩和金融业高杠杆

根据丁伯根法则（Tinbergens Rule），政策工具的数量或控制变量数至少要等于目标变量的数量，而且这些政策工具必须相互独立。但需要指出的是，几乎所有货币政策工具都是利率和货币供应量的衍生品，且考虑到利率和货币需求的内在联系，在长期中所有货币政策工具几乎不存在异质性。因此，长期中多目标的货币政策必然带来冲突（这也是三元悖论的基本逻辑）。

就本章的情况来看，在目前较为复杂的国内外经济形势下，传统降息降准的货币政策受到较大约束，在这种情况下，央行不断创新货币政策工具，这在近年来中国的货币政策实践中都有所体现。例如，自2013年起，中国人民银行先后设立短期流动性调节工具（SLO）、常备借贷便利（SLF）以及中期借款便利（MLF）等工具对金融机构提供流动性支持，货币政策对于市场流动性的预调微调以及短期利率引导的功能不断加强。

从货币政策效果来看，创新型的货币政策工具虽然没有造成"大水漫灌"的效果，但也造成了银行间市场流动性过剩。例如MLF余额从不足1万亿元增加至当前的接近4万亿元，PSL从6000多亿元上升至当前的2.1万亿元，逆回购余额当前也在6000亿元以上。这样导致的结果是，银行对央行的负债近3年也迅速飙升，且央行提供资金利率要低于市场利率，例如7天期央行逆回购利率为2.35%，而同期限的银行间同业拆借利率近期都在2.6%以上，银行间回购利率则更高。而银行间市场流动性过剩，客观上造成了金融机构利用其他渠道来加杠杆以及信贷链条加长。

(二) 金融监管与货币政策的不协调

追根溯源，金融监管漏洞是造成影子银行兴起和信贷链条拉长的重要因素，其主要表现为金融监管与货币政策步调不同以及监管权限不同造成的监管漏洞。

1. 金融监管滞后造成监管漏洞

影子银行兴起和信贷链条拉长的主要表现在于金融机构表外流动性扩张迅速。所谓表外流动性主要包括未贴现票据、委托和信托贷款、债券融资等，这在2011—2013年的金融业高增长期间尤其显著。金融机构表外资产扩张很大程度缘于金融监管的滞后性。2012年以来，中国货币政策逐渐转为中性，但金融监管较为滞后，这一方面造成对信贷投向施加了严苛的管控，另一方面，在利率市场化和发展直接融资的背景之下，表外影子银行业务发展迅速。

在金融监管滞后的情况下，商业银行信贷受到约束，贷款不能直接投放到实体经济，这就迫使金融体系通过迂回的方式来投放流动性。例如，在2011—2013年，银行可以通过向符合贷款投向规定的"过桥企业"放出一笔贷款，"过桥企业"再通过委托和信托贷款的方式把这笔款项转给真正需要资金的企业。这样，虽然其最终结果等价于银行直接给该企业放贷，但在计算社会融资总量的时候会产生两笔记录，即银行向"过桥企业"投放的贷款，以及"过桥企业"的委托和信托贷款。正是如此，同等社会融资总量的增加自然只能对应更低的实体经济增长。

总体而言，由于监管的滞后性，其虽然对贷款投向施加了严苛的管制，但仍导致金融机构以各种迂回的方式来向实体经济投放流动性。这带来了重复计算问题，令社会融资总量与实体经济增长之间的数量关系发生了变化。从积极的方面来讲，这让资金绕开了监管者所设定的管制，能够流到实体经济中，对实体经济构成支持。但这并非全无代价，流动性传导链条的拉长让流动性拉动实体经济增长的效率下降只是一方面。另一方面，在影子银行的各种操作中，商业银行，尤其是小银行，杠杆率上升明显，引发了金融风险的累积。

2. 金融监管职权真空造成监管套利

除了监管滞后之外，金融监管职权真空也会造成监管套利机会。由于金融监管的职能由"一行三会"分别行使，分业监管使得金融业往往通过同业合作等方式逃避监管。以上文中提到的债券市场同业存单和同业理财为例，在整个信用投放的链条中，既涉及大中型商业银行，又涉及券商、基金等非银行金融机构，同时还涉及银行间市场。这样，在金融监管中，就需要人民银行与银监会和证监会协调，而金融市场的不断创新将在短期内造成监管真空，从而形成监管套利机会。

除此之外，央行在执行货币调控和金融监管角色时也存在角色冲突。一方面，人民银行作为金融监管者的一员，有责任化解金融系统的风险，因此，在观察到流动性投放过快、资金空转嫌疑，且有部分银行通过银行间市场融资来快速提升杠杆率之后，央行应针对金融风险加以控制；但另一方面，央行除了是金融监管者之外，还是"最后贷款人"，是维护货币市场稳定的最后一道防线，央行应向市场上投放充足的流动性，因此，央行在最后贷款人和金融监管机构的双重角色中存在一定冲突，货币政策这个总量性工具和金融监管这个结构性工具的界限往往并不明确。

（三）利率市场化遭遇"经济新常态"

利率市场化下影子银行扩张对金融业高增长起到助推作用，尤其在实体经济资本收益率下降、风险上升的情况下，利率市场化使得银行风险偏好上升；同时金融行业资本收益率上升，使得流动性更愿意停留在高收益的金融行业，从而导致信贷链条加长，加剧资金"脱实向虚"。

具体而言，自2013年下半年贷款利率放开后，中国利率市场化在提速。利率市场化的最终目的是形成由市场定价的利率体系，让投资方根据企业不同的信用资质形成差别化的定价。

与此同时，自2013年以来，中国经济进入"新常态"阶段，经济增速下行，同时面临产能过剩、负债率高等结构性问题。银行作为中国最主要的融资中介、利率市场化改革最直接的利益相关方，经济下行叠加利率市场化对其意味着在实体经济的资本回报率下降、信用风险上升的基础上，传统利润来源（利差）面临收窄。双重利空下，银行利润增速下滑，风险偏好被动上升，加大杠杆、增加期限错配、银行资金出表投资风险偏高的高收益资产成为其提高利润的重要渠道。

四 进一步完善货币政策调控的建议

中国金融业高增长是现有金融体制下货币政策扩张的结果，同时也是货币政策、金融监管与金融改革不协调的产物。未来，控制中国金融业高速增长不仅要改变传统的货币政策调控方式，协调货币政策目标工具之间的冲突；同时还应加强金融监管，保持货币政策与金融监管和金融改革之间的内在一致性。

（一）保增长不应成为货币政策核心目标

归根结底，金融业高增长是间接金融体制下货币政策过度侧重经济增长目标所造成的。从发达国家货币政策的经验来看，其货币政策执行经历了由多目标向突出物价稳定目标的过程。相比之下，中国由于处于经济发展和转型阶段，目前尚不具备强调单一物价稳定目标的条件；但为了协调货币政策目标间冲突，就要解决货币政策目标冲突，归根结底要简化货币政策目标，下调经济增速目标的重要性，保增长不应成为中国货币政策的核心目标。

具体而言，由于经济"新常态"格局下潜在增长率下滑，宏观调控的政策权衡空间缩小，高速的经济增长不宜再成为货币政策追求的主要目标；相反，"新常态"经济下的货币政策调控应强调稳定和均衡目标，尤其应致力于稳定通货膨胀和实现内外部均衡。

（二）转变货币政策调控方式

数量型的货币政策调控方式一方面造成了信贷的扩张，直接推动金融业增长；另一方面，数量调控和利率调控虽然在短期可以分隔开来，但在长期两者具有内在一致性。这种情况下，要控制金融业过快增长，就要对货币调控方式进行转变。

就本质而言，货币供应量一方面是中国货币政策执行中的重要中介目标；另一方面，由于作为操作目标的基础货币和存款准备金与货币供应量息息相关，因此，中国的货币政策中，货币供应量作为中介目标和操作目标的界限较为模糊。

第一，转变货币调控方式，首先要弱化货币供应量的中介目标。中国利率市场化改革已基本完成、金融市场日益完善、社会融资结构多元化的背景下，货币供应量目标与最终目标的相关程度会有所减弱。从国际经验来看，20世纪80年代之后各国纷纷放弃货币数量的中介目标，转向对通货膨胀、货币信贷增速等更多宏观经济变量的监测，因此，建议降低货币供应量作为中介目标的重要性，同时，将汇率、利率、国际收支状况以及资本市场变化等指标纳入货币政策中介目标范畴。

第二，转变货币调控方式，在操作目标方面突出利率机制的作用。目前，欧美国家普遍使用短期市场利率作为货币政策的操作目标，通过短期市场利率引导货币市场利率围绕中央银行宣布的基准利率运行,从而影响长期利率、汇率以及货币信贷增速等中介目标,最终实现调控经济主体的生产支出活动。未来,中国货币政策的操作目标可由价格型指标和数量型指标兼顾转为更多向价格型指标过渡。特别是随着利率市场化改革的基本完成,向利率为主的货币价格调控方式转型的必要性和迫切性日趋上升,这就需要针对利率政策规则进行扎实的基础性研究,加强对中国潜在产出、均衡实际利率等自然率的估算,探索符合中国实际的利率政策规则。

(三) 协调货币政策与金融监管

金融业高增长是金融监管缺位的结果,同时,金融业高增长的背后杠杆投资和期限错配的痕迹明显。因此,为了促进金融业增速回归,并控制金融风险与实现金融业"去杠杆"的供给侧改革目标,应协调货币政策与金融监管,构建完善的宏观审慎政策框架。

从当前"一行三会"的监管格局来看,央行具有货币发行、利率和汇率等宏观调控的手段,但还需要增强对银行、证券和保险等金融机构内部风险的识别和监控;而从银监会、证监会和保监会的角度来看,这些机构拥有微观监管和一系列强有力的控制风险的手段和监控工具,但在宏观政策的工具和手段方面还有所欠缺。因此,基于目前中国金融监管的现状,应进一步联合现有的金融监管机构,在涉及整个金融体系的稳定上面,既要有银监会一系列对单个金融机构的审慎监管,还要针对跨市场、跨机构、跨行业风险,考虑不同金融机构对系统性风险的影响,确定系统重要性金融机构、市场和工具的范围,对具有系统性影响的金融机构制定严格的规则,同样也要有逆周期效应的央行的利率政策、资本管制政策。

就目前中国债券市场高杠杆投资而言,应从金融监管和货币政策两个方面进行综合治理。一方面,应通过宏观审慎评估体系（MPA）控制广义信贷，在 MPA 体系下，中小银行即使能够大量发行同业 CD，所吸收资金也不能用于无度投放广义信贷（购买同业理财便计入广义信贷）。另一方面，央行通过提高回购利率和 MLF 利率控制金融杠杆。在这方面，央行从 2016 年下半年开始，逐渐将货币政策调整为稳健中性，减少了向市场提供短期、廉价的资金，改为提供中长期限的资金（MLF 等），且多次提高逆回购、MLF 等货币政策工具的利率，从而使市场主体加杠杆、错配的难度加大，从而达到债券市场去杠杆目的（见图 2-14）。

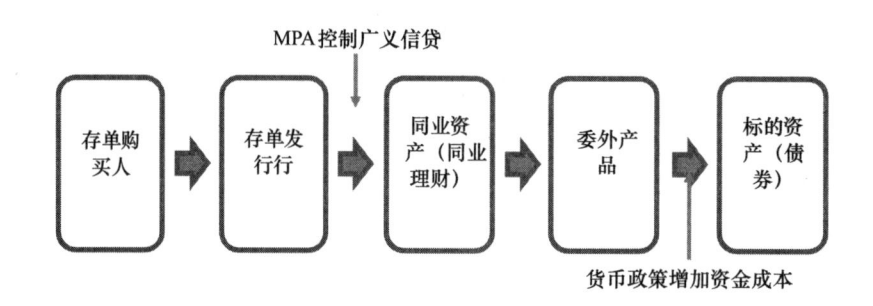

图 2-14 中国债券市场去杠杆的政策措施

（四）建立多层次金融供给体系

在金融抑制的背景下，金融供给不足和结构不平衡是中国金融体系的重要特点，这不仅刺激了中国金融业高增长，也造成了不同类型金融机构之间的套利空间，从而加剧金融风险。为此，应在提高金融供给的同时努力实现金融结构的平衡，打造多层次的金融供给体系。

为此，加强金融供给首先应着力继续促进四大国有银行、股份制商业银行、政策性银行、证券公司等深化改革、创新业务，鼓励其通过完善内部治理机制、加强风险防范、扩大资产规模提升核心竞争力。与此同时，尤其应加大对银行、证券、保险等金融服务领域的对外开放力度，降低金融业的准入门槛，鼓励外资和民营资本进入金融业。

其次，平衡金融供给结构应建立多层次的金融机构体系。尤其就国内目前的经济发展水平而言，经济主体复杂多样，对金融服务的需求也千变万化；但另一方面，出于对金融风险的审慎考虑，金融改革相对滞后，形成了金融供给的同质化与实体经济多元化需求之间的矛盾，不仅导致"融资难、融资贵"，还造成了不同类型金融机构之间的套利空间，加剧了金融风险。可以说，金融供给结构性不平衡、金融机构层次不够丰富，是制约中国金融服务业发展的重要问题。为此，应建立多层次的金融机构体系，鼓励中小金融机构、民营银行和互联网金融的发展，这不仅可以从总量上增加金融供给，而且还可以完善和优化金融结构，挤压不同类型金融机构的套利空间，从而有助于抑制金融风险。

第三章　中国金融业高增长：股市因素*

分析2005年以来中国股票市场指数、交易量、印花税以及佣金收入等指标的波动特征，并与金融业增加值变动进行对比，可以发现股票市场的增长与波动是影响中国金融业增加值的重要因素。一方面，股票市场为实体经济提供直接融资渠道，扩大居民的财富效应；另一方面，也蕴含着剧烈波动带来的金融风险以及对实体经济投资的"挤出"。

在发挥直接融资对促进经济增长积极作用的同时，还应该看到股票市场交易对实体经济"挤出"的根源是投资收益率的差异，简单地依靠总量控制手段抑制资产泡沫，无法实现资金从证券市场向实体经济的流动。为此，应该在抑制股票市场泡沫的基础上，不断降低企业的融资门槛，提高实体经济盈利水平。此外，资产价格与实体价格之间的走势不一致导致货币政策制定难度加大，如何将资产价格纳入货币政策关注的目标中，是宏观调控政策改革需要重点探索的问题。

一　证券业对金融业增加值的直接贡献

由于缺乏证券业增加值数据的统计，我们只能从趋势上间接地分析证券行业对金融业增加值的影响。在各个地区中，济

---

* 本章作者为王振霞。

南市和乌鲁木齐市在使用收入法计算 GDP 或者计算第三产业增加值的过程中，公布了证券业、银行业和保险业在金融业中的占比，可以为研究这个问题提供更加直接的证据（见表 3-1、表 3-2）。

从劳动者报酬、生产税净值、固定资产折旧以及营业盈余四个角度分类来看，证券市场对金融业增加值的贡献比例不是最为重要的，其影响力远远小于银行业。特别是在营业盈余和固定资产折旧方面，银行业的贡献非常明显。证券业对金融业增加值的主要影响体现在税收和劳动者报酬两个方面。当然，两个城市的数据并不能完全反映总体趋势，对证券业与金融业增加值之间关系的直接证据，有赖更加完善的数据公布。

表 3-1　2006 年以来济南证券业、银行业和保险业占金融行业比重

年份	证券业占比（%）	银行业占比（%）	保险业占比（%）
劳动者报酬			
2006	2.65	77.17	18.48
2007	11.33	72.47	14.86
2008	1.71	85.17	10.47
2009	1.40	88.32	8.15
2010	16.94	66.62	15.34
2011	14.01	70.26	14.62
2012	14.67	68.31	15.67
生产税净值			
2006	1.17	91.94	5.05
2007	7.12	88.29	3.18
2008	66.76	27.95	2.62
2009	62.16	34.71	2.31
2010	40.78	54.42	4.21
2011	5.17	87.80	5.74
2012	4.08	88.61	5.58

续表

年份	证券业占比（%）	银行业占比（%）	保险业占比（%）
固定资产折旧			
2006	6.16	88.39	4.03
2007	5.26	90.28	3.44
2008	2.72	85.87	8.70
2009	1.95	82.88	6.42
2010	16.31	75.32	6.24
2011	15.25	77.89	5.23
2012	15.86	76.04	6.25
营业盈余			
2006	-0.28	94.61	3.25
2007	13.63	89.80	-6.45
2008	19.64	73.38	4.31
2009	16.47	77.60	3.41
2010	11.00	87.46	-3.18
2011	8.56	89.44	-3.75
2012	4.45	91.98	-2.67

资料来源：使用收入法计算GDP。WIND数据库。

表3-2 2008年以来乌鲁木齐证券业、银行业和保险业增加值占金融业增加值比重

年份	证券业占比（%）	银行业占比（%）	保险业占比（%）
营业盈余			
2008	1.42	95.59	-1.82
2009	2.50	95.25	1.68
2010	7.68	91.30	0.83
2011	1.22	100.15	-1.60
2012	0.86	97.23	1.52
2013	0.73	98.94	-0.05

续表

年份	证券业占比（%）	银行业占比（%）	保险业占比（%）
营业盈余			
2015	0.79	98.54	0.34
生产税净额			
2008	12.23	72.14	12.36
2009	41.71	52.04	5.57
2010	11.91	76.76	10.30
2011	3.95	85.15	10.01
2012	3.12	90.80	5.61
2013	4.45	87.94	7.15
2015	4.16	89.90	5.48
劳动者报酬			
2008	16.18	64.56	17.84
2009	10.76	72.04	16.83
2010	17.10	59.62	22.83
2011	12.80	63.12	23.70
2012	11.80	71.12	16.76
2013	10.42	68.30	21.00
2015	11.95	69.89	17.91
固定资产折旧			
2008	6.46	86.59	4.48
2009	8.41	86.53	4.25
2010	7.17	87.61	4.43
2011	10.24	83.63	5.13
2012	9.62	85.24	4.22
2013	10.53	86.24	2.32
2015	11.49	85.87	1.82

资料来源：乌鲁木齐第三产业增加值计算数据。WIND 数据库。

二 金融业增长与股市波动的特征事实

近年来,中国实体经济增速下降的态势比较明显。进入2016年以后,实体经济增速下降趋势依然没有得到抑制。2016年,全国规模以上工业增加值仅增长6%。但与制造业等实体经济对经济增长贡献不断降低相比,金融业增加值在GDP中的比重有逐年上升的趋势。2015年全国金融业增加值达到5.78万亿元,增长率高达24.02%,增速远远超过制造业等实体经济。2016年,尽管股票市场增长回落,全国金融业增加值依然达到6.21万亿元。2015年、2016年中国金融业增加值占GDP的比重分别为7.25%和8.44%。从国际比较来看,2016年中国金融业增加值占GDP的比重不仅高于巴西和俄罗斯等新兴国家,也高于美国、英国等传统经济发达国家(见图3-1)。[①]

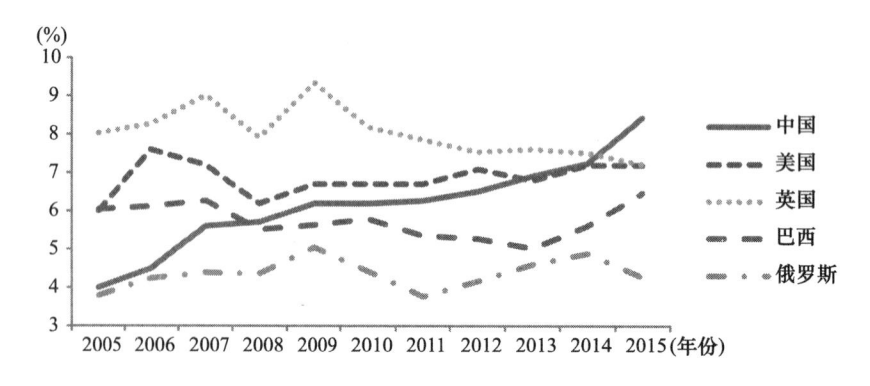

图3-1 2005—2015年金融业增加值占GDP比重的国际比较

2015年以来,金融业增加值快速增长,对经济增长的贡献不断提升,这与中国股票市场的活跃程度密不可分。2014

---

① 如无另外说明,本章数据均来自WIND数据库。

年7月以来，中国股票市场进入快速上涨时期，A股开始新一轮"牛市"行情。据统计，2014年7月至2015年6月，上证综合指数上涨超过140%；2015年6月12日，创出7年半新高5178.19点，较年初涨近2000点，涨幅58.9%。我们发现，股票市场的涨跌与中国金融业增加值的波动情况，从趋势上看是基本一致的。2005—2015年的10年间，中国股票市场经历两轮明显的涨跌行情，即2007年明显上涨后的急剧下跌，以及2014年7月至2015年7月上涨之后的急剧下跌。这两轮行情的变化直接影响了当年金融业增加值的增长和波动。

（一）金融增加值与股指变动趋势的一致性

从图3-2可以看出，2005年以来，沪深两市主要股票指数的波动情况与金融业增加值增长率之间，无论在波动时间还是波动幅度上，均呈现基本相同的走势，即在2007年和2015年出现明显的上涨，在股市"牛市"行情结束之后出现明显的下降。

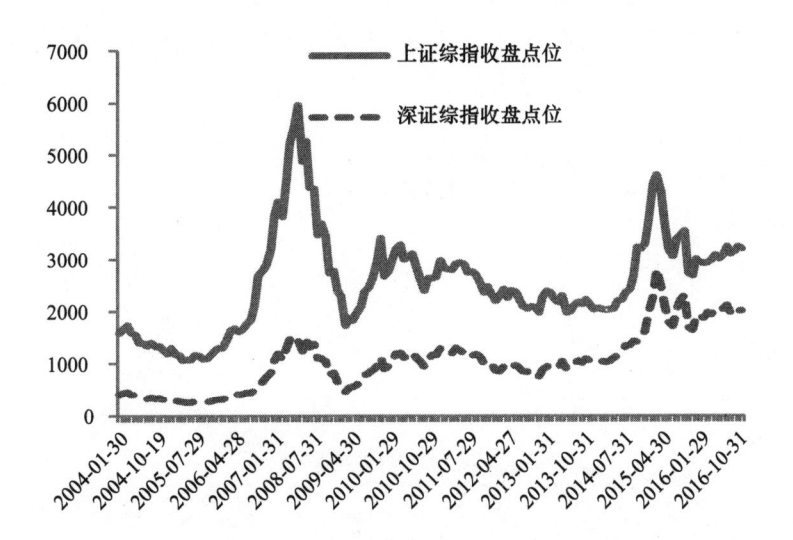

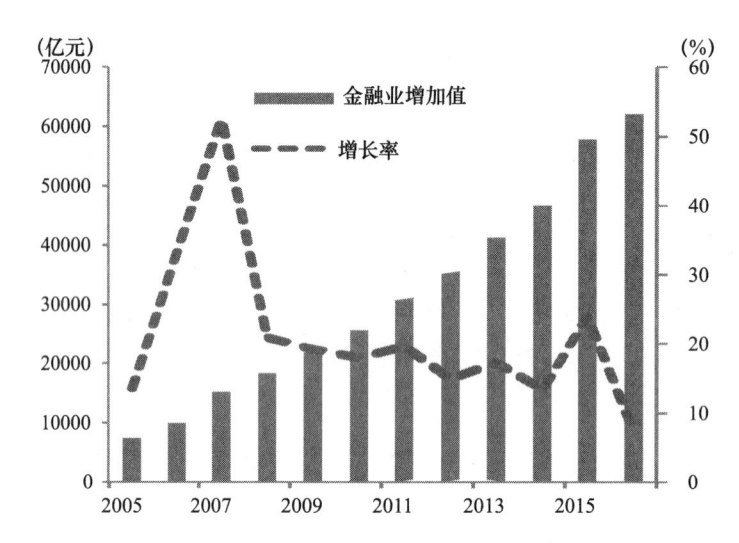

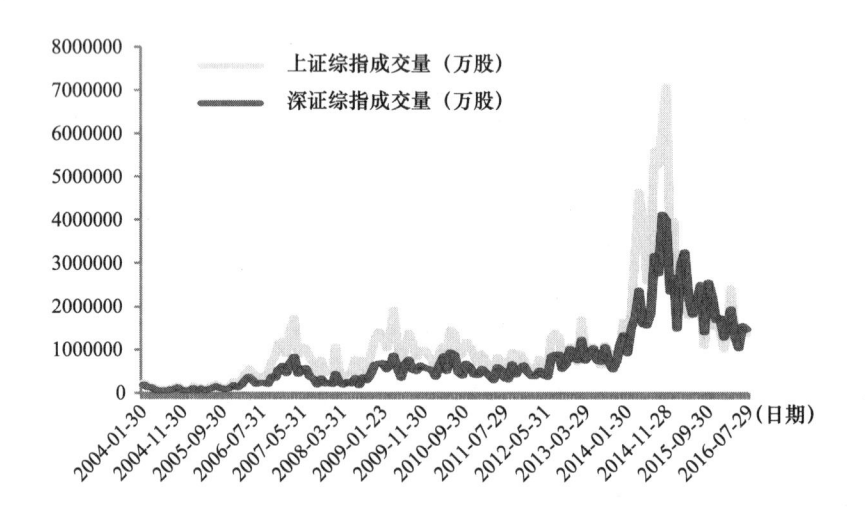

图 3-2 2005—2015 年上证综值、深证综值波动情况及全国金融业增加值增长情况对比

（二）金融增加值与交易量变动趋势的一致性

根据国家统计局 2010 年印发的《季度地区生产总值核算方案（试行）》的有关规定，金融业分为银行业及其他金融活动、证券业和保险业三类，分别以人民币存贷款余额、证券交易额和保费收入为相关指标对季度金融业增加值进行推算。可见，股市交易量的变化是影响金融业增加值的重要指标。从图 3-3

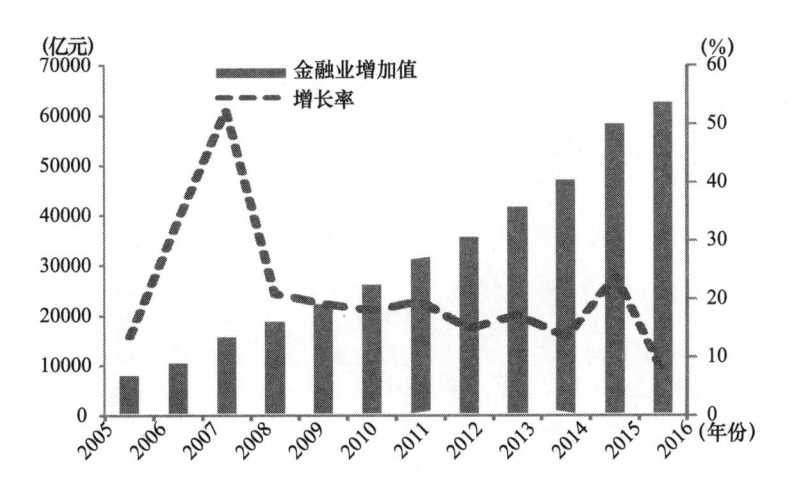

图 3-3　2005—2015 年沪深两市交易量与全国金融业
增加值之间的对比

数据来看，2005—2015 年的 10 年间，股市交易量变化和金融业增加值增长趋势基本一致。

（三）金融增加值与股市相关收入变动的一致性

在股票市场上，相关的收入包括印花税、证券行业的手续费与佣金收入。印花税的增长情况是股市行情变化影响金融业增加值走势的重要途径。2005—2015 年的 10 年间，交易印花税占全国税收比重基本维持在 1% 以内。但 2007 年，中国股市交易量大幅增加，当年交易印花税收入占全国税收比重达到破天荒的 4.4%。2015 年该比重也提高至 2.04%，与金融业增加值变化情况高度一致（见图 3-4）。

在沪深两市"牛市"行情中，证券行业手续费以及佣金收入的快速增长为当年金融业增加值上涨提供了另一个有力的证明（见表 3-3）。中国证券登记结算公司数据显示：2006 年 10 月新增开户数 34.85 万户；到了 2007 年 1 月新增开户数达到 325.77 万户，8 月新增开户数快速升至 892.42 万户。到 2007 年 10 月底，沪深两市开户数突破 1.3 亿户，比 2007 年年初增长了

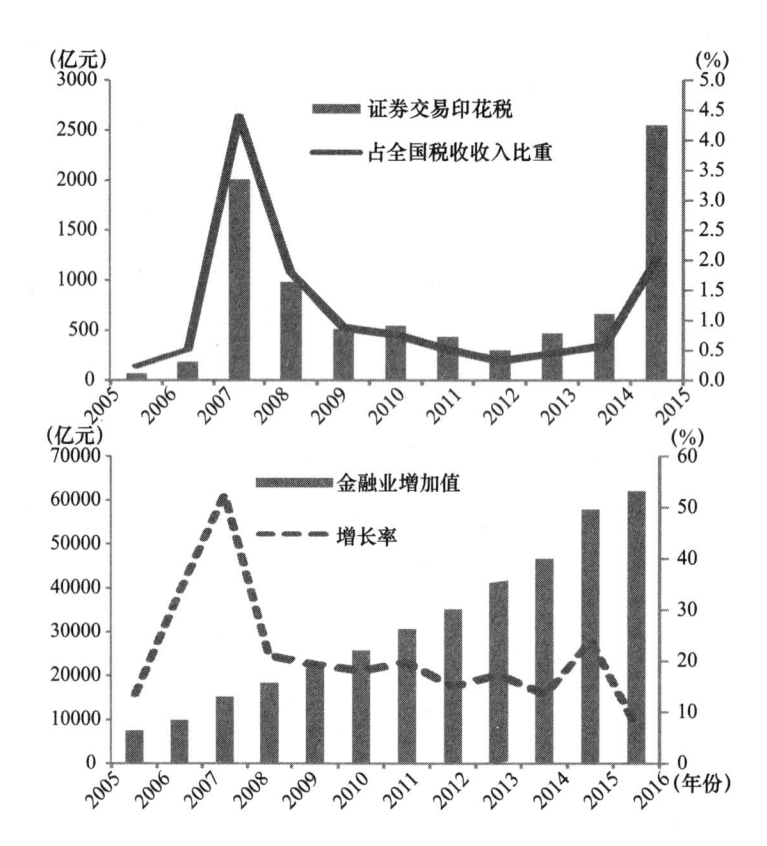

图 3-4 交易印花税增长率变化与金融业增加值变化情况的对比

近 25 倍。2014 年 7 月以来，平均每月约有 60 万新股民开户，资金不断进入股市。巨大的开户数和频繁交易，使得 2007 年和 2015 年证券行业的手续费和佣金收入出现巨幅增长。客观上也带动了金融业增加值的增长。

表 3-3　　2005—2016 年证券行业手续费及佣金收入增长率与金融业增加值变化对比

年份	金融业增加值（亿元）	增长率（%）	证券行业手续费及佣金收入增长率（%）
2005	7469.50	13.40	29.48
2006	9951.70	33.23	81.06
2007	15173.70	52.47	205.42

续表

年份	金融业增加值（亿元）	增长率（%）	证券行业手续费及佣金收入增长率（%）
2008	18313.40	20.69	-0.24
2009	21798.10	19.03	32.86
2010	25680.40	17.81	20.13
2011	30678.90	19.46	22.92
2012	35188.40	14.70	8.00
2013	41191.00	17.06	26.93
2014	46665.20	13.29	19.87
2015	57873.00	24.02	32.58
2016	62132.00	7.36	-94.97

（四）股市繁荣对实体经济影响在不同行业分化

值得关注的是，沪深两市"牛市"行情虽然带动成交量、手续费以及佣金的大幅增长，从而推动金融业增加值的增长，但是，高涨的行情却并没有带来上市公司营业收入的明显增长。从图3-5可以看出，虽然全部上市公司在2007年的营业收入增长情况良好，但是2008年开始出现大幅下降。之后在2010年前后恢复上涨，但是在2011年之后持续下降，即使是在2015

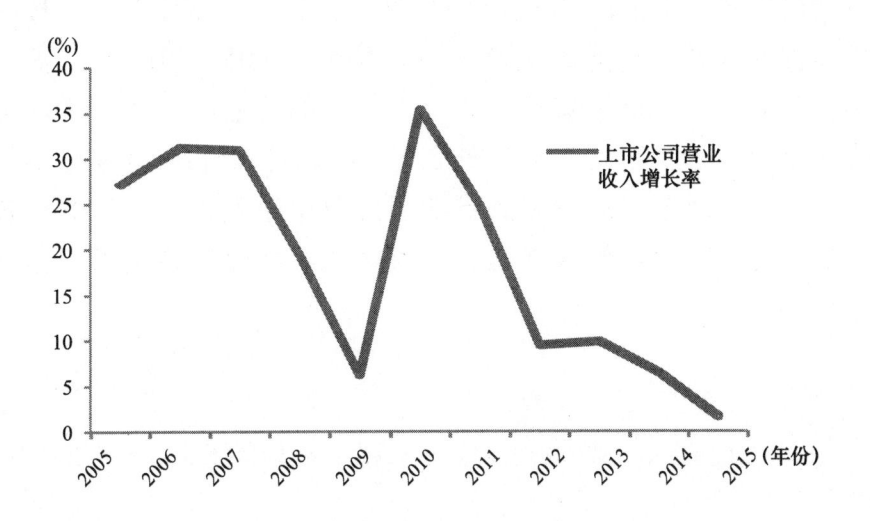

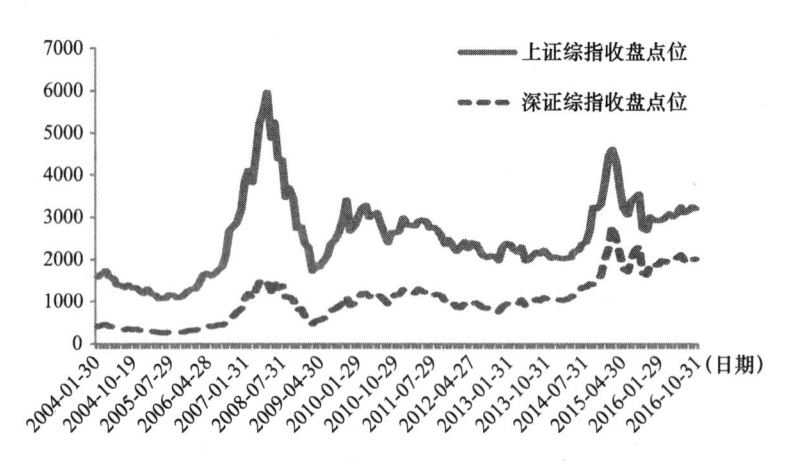

图 3-5　2005—2015 年全部 A 股上市公司营业收入增长率与
两市行情对比

年的"牛市"行情中，也没有出现明显的变化。这说明，虽然股市行情会影响上市公司的筹资情况和投资热情，但是实体经济的景气程度对上市公司营业收入增长的影响应该更为明显。

股票市场快速发展切实有助于产业结构的优化和调整，客观上也是金融业对国家经济增长贡献率增加的重要途径。股票市场的高速发展也为战略新兴行业提供了重要的融资平台。据统计[①]，2015 年第一季度，VC/PE 投资互联网、IT 行业、电信及增值服务、生物技术/医疗等行业的资金占比接近 80%，极大地促进战略新兴行业的快速发展。同时，2005—2015 年，高端装备制造、新材料等新兴产业上市公司的营业收入增长率明显高于全部 A 股的平均水平（见表 3-4）。特别是在 2014 年实体经济下滑的时期，战略新兴行业通过股市融资，保持良好的投资热情，实现营业收入高增长，为全国经济保持稳定增长做出了巨大贡献。

---

① 上海证券交易所研究报告：《股市活跃新常态经济转型新动力》，2015 年 5 月。

表3-4　　　　　　新兴战略产业上市公司营业收入增长率　　　　　单位:%

年份	2005	2006	2007	2008	2009	2010	2011	2012	2013	2014	2015
高端装备制造	102.16	41.50	47.40	23.49	4.43	34.66	24.06	-0.70	1.69	12.77	13.85
互联网金融	44.95	59.14	39.49	22.45	14.94	39.09	25.37	14.56	13.73	10.46	28.39
环保概念	21.81	44.81	29.38	24.62	13.52	16.18	24.15	14.74	16.97	22.82	23.23
新材料	43.71	41.63	56.68	33.81	2.60	46.40	28.76	-0.19	13.71	20.11	5.89
新能源汽车	24.76	31.41	84.17	16.52	24.49	75.02	26.58	9.40	17.55	11.98	7.31
智能电网	31.39	99.33	37.10	25.05	9.88	14.50	13.42	20.53	23.00	13.14	8.08
全部A股	27.07	31.07	30.82	19.37	6.13	35.54	24.88	9.35	9.78	6.29	1.49

三　股市波动的影响及应对：2007年与2015年的比较

实际上，2015年股市上涨无论是从指数变化、印花税还是手续费佣金等指标的增长率来看，都没有2007年的上涨那么明显。但是，2015年股市上涨推高金融业增加值，从而提高对GDP的增长贡献率，却表现得异常明显。究其根本原因，主要是因为2007年和2015年资产市场与实体经济走势不一致。从图3-6来看，2007年两市股票指数和交易量大幅上涨的时期，实体经济基本面也表现良好。从经济增速看，2007年四个季度的不变价GDP当季同比均维持在13%以上；从价格指数看，2007年居民消费价格指数（CPI）和工业生产者价格指数（PPI）快速上涨，到了2007年12月，CPI达到5.43%，而PPI指数上涨至6.5%。在实体经济持续向好的周期，工业制造业对GDP的贡献率是非常明显的。所以，即使股市繁荣带动金融业快速增长，也不会导致金融业增加值占GDP的比重过快上涨。

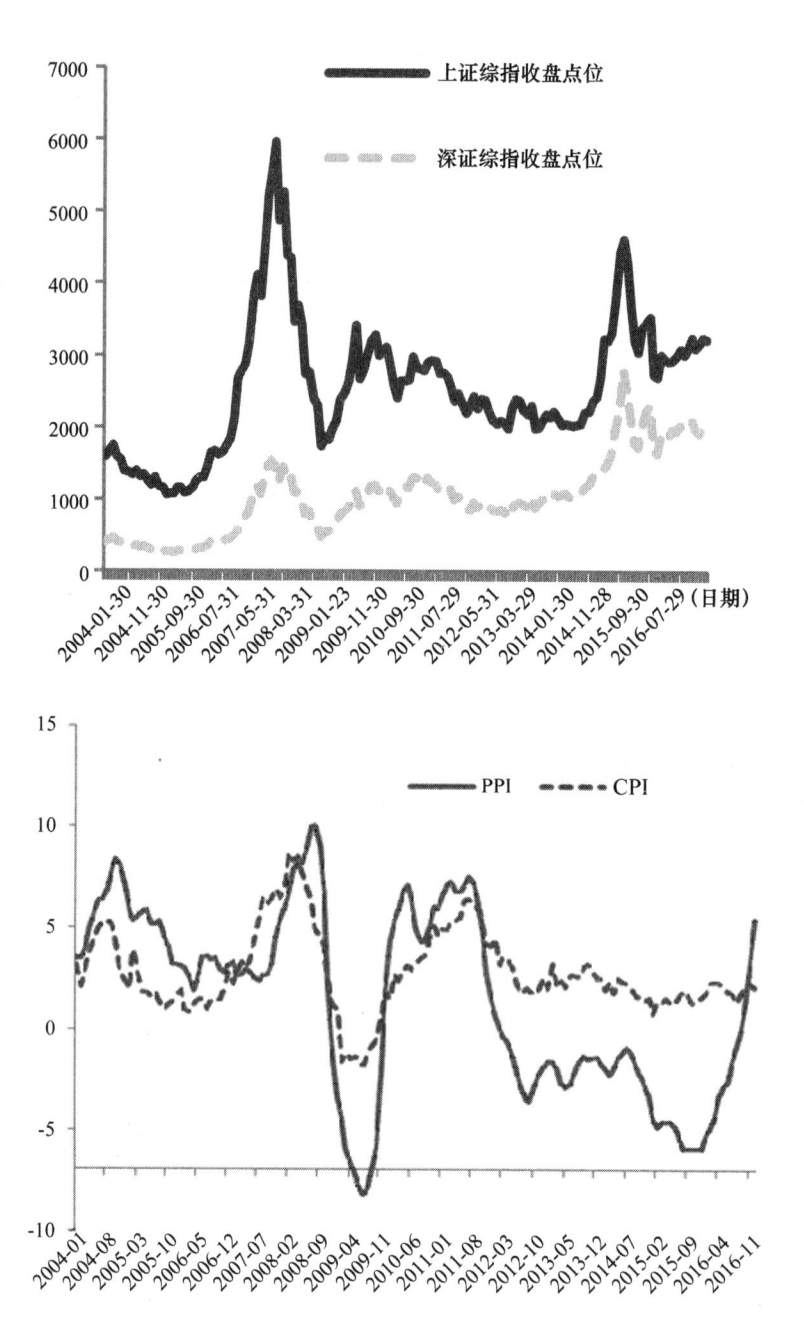

图 3-6 2004—2016 年股票指数与 CPI、PPI 走势对比

但是,到了 2015 年,经济增速出现明显下滑,2015 年第三季度开始,不变价 GDP 增速下降至 7% 以下,CPI 持续维持在

2%以下，PPI更是连续下跌，到2015年12月PPI跌至－5.9%，实体经济低迷特征明显。股票市场快速上涨导致资产价格与实体价格出现明显背离。此时，股票市场的繁荣带动金融业增加值的增长必然表现出对经济增长的贡献更加突出。

从对股市过度波动产生风险的应对来看，其调控政策的方向和内容也发生了重要的变化。2007年股市大涨时期，央行等管理部门也采取了利率、汇率和准备金调整，停止国有股出售等措施，但是依然没有抑制住市场的剧烈波动。2007年之后，管理部门开始探索制度变革，提高市场定价能力和交易便利，稳定波动。在这个背景下，融资融券制度开始着手实施。2008年4月25日，国务院正式出台《证券公司监督管理条例》；2008年10月5日，证监会宣布启动融资融券试点。当市场价格偏离价值时，融资融券制度可以通过融资的买入和融券的卖出促使股票价格趋于合理。同时，融资融券可以改变单边市场交易，为交易者提供投资避险的工具。虽然融资融券制度对于稳定市场波动的具体作用依然处于争论之中，但是融资融券已经成为股市操作的"常规动作"，并处于不断完善的过程中。2010年起，中国股市开始启动融资融券制度。2010年3月底，融资融券开始试点，起初仅包含几十家券商类股票，并没有全面铺开。2014年9月，融资融券实施第四次扩容，共增加205支标的股，占总标的股的23%。2014年9—12月，融资盘开始出现暴增，至12月19日融资盘突破10000亿元关口，较2014年8月底翻了一番，而之前2014年1—8月的8个月时间里，融资盘增长率仅为30%。

但是，2015年的股市剧烈波动是在没有实体经济增长作为基本面支撑的情况下出现的。2015—2016年股市剧烈波动在宏观层面上反映了人们对转型、改革的过高预期与短期经济表现未达到预期的矛盾。此时可能蕴含的金融风险更加危急，也更加容易导致激进政策的实施。随着2015年下半年的中国股市暴跌，借鉴国外经验、逐步引入熔断机制的呼声日益高涨。2015年9月7日晚间，上证所、深交所、中金所发布关于实施指数熔断机制的公开征求意见稿，拟在保留现有个股涨跌停、"T+1"交易等制度的前提下，逐步引入指数熔断机制。2015年12月4日，中国股市实施指数熔断的相关规定出炉，并计划于2016年1月1日起正式实施。按照规定，熔断机制的实施将以沪深300指数为标的，当指数涨跌幅达到5%时暂停交易15分钟，之后进行集合竞价并继续交易；14时45分以后涨跌幅达到5%，或者全天任何时候涨跌幅达到7%，则暂停交易至收市。

2016年1月4日，在实施指数熔断的第一个交易日，沪深300指数于13时13分触及5%档的熔断，停止交易15分钟；复盘后仅7分钟时间便触及7%档的熔断，全天交易停止。两个交易日之后的1月7日，沪深300指数于9时42分触及5%档的熔断后停止交易，复盘后交易1分钟便触及7%档的熔断，全天有效交易时间仅13分钟。1月8日，实施了仅4个交易日的熔断机制被监管部门紧急叫停。

四 股市剧烈波动的潜在风险："挤出"实体经济

从上述分析看，股票市场交易活跃确实带动金融业增加值的增长，并带动经济快速增长。这在经济下行周期确实有稳定增长的作用，但也蕴含着明显的风险：一是从历史数据看，沪深两市交易规模增长是不连续的，且单边市场不可持续，这就导致高交易规模对未来形成高基数，一旦交易活跃程度下降，必将导致股市对金融业和经济增长的贡献度下降，甚至可能形成负的贡献；二是股市交易的火爆，导致企业有动力将更多的资金投入虚拟经济领域，导致资金在金融系统"体内循环"，从而挤出实体经济。从全世界范围看，证券市场的波动是常态，所以，需要格外关注的是第二个方面的风险。

证券市场快速增长或者资产泡沫对实体经济发展产生何种影响，是近年来研究的重点内容。有文献提出，证券市场过度繁荣，甚至产生泡沫可能导致企业出于营利性目的，大量持有金融资产，使得实体经济部分的发展受到抑制。企业过度持有金融资产，对实体经济产生"挤出效应"不是中国特有的现象，在全球范围内均能得到体现。[①] 证券市场泡沫对实体经济的危害主要体现在三个方面：一是出于投机需求的投资者将不断增加，挤占用于企业研发等支出的资金，导致生产效率降低；二是资金在金融系统"体内循环"，增加金融市场剧烈波动的风险；三是社会资源配置的效率损失导致长期增长乏力。

经济史学研究曾对日本和德国发展道路上的异同进行比较分析，指出政策促进资本过度向房地产、证券市场的集中确实危害经济增长的可持续性。[②] 虽然在经济起步阶段，日本和德国都依靠鼓励技术进步、提升制造业竞争力、促进出口带动经济增长，但是德国在金融业开放的问题上却比日本显得更加保守。20世纪80年代，为摆脱严格金融管制对金融业竞争的束缚，尽快实现金融业的国际化，日本在利率、汇率以及证券投资等方面进行大量的改革，被称为"金融自由化"阶段。在这个时期，日本通过放松对证券市场投资的限制，鼓励合规资金大量进入股市和债券市场，并不断创新金融交易品等方式，在短期内将大量资金吸引至股票市场、债券市场和房地产市场。这客观上导致了企业投资的过度"金融化"，抑制实体经济部门的投资需

---

① Orhangazi Ozgur, 2008, Financialisation and Capital Accumulation in the Non-financial Corporation Sector: A Theoretical and Empirical Investigation on the US Economy: 1973 – 2003, Cambridge Journal of Economics, 32, pp. 863 – 886. Seo, H. J., H. S. Kim and Y. C. Kim, 2012, Financialization and the Slowdown in Korean Firms' R&D Investment, Asian Economic Paper, 11 (3), pp. 35 – 49.

② Eichengreen, B. . 2006. Global Imbalances and the Lessons of Bretton Woods, MIT Press.

求，酝酿了金融系统风险并阻碍经济持续增长（见图3-7）。

	60年代	70年代	80年代	90年代
经济增长	高速		稳定	泡沫	后泡沫+低增长
经常账户	赤字	盈余		
汇率	固定		浮动	
资本账户	管制	逐步放松管制		放松管制
利率管制	管制		放松管制	
融资渠道	间接			直接+间接
财政	平衡		预算赤字	平衡	预算赤字

图3-7　20世纪60—90年代日本金融改革历程

资料来源：神宫健：《日本资本市场开放的教训对中国的启示》，2010年4月，野村证券研究报告。

具体到中国的情况，诸多研究也指出，进入21世纪之后，中国也呈现出过度"金融化"，导致实体经济被"挤出"的现象。研究通过分析非金融上市公司持有金融资产的规模，银行业上市公司的营利情况，资金流向房地产、股市的规模以及虚拟经济发展速度等指标，指出金融泡沫正在危害实体经济发展，导致资金在金融行业"体内循环"，使得经济增长缺乏动力。[①]当然，也有研究指出，非金融上市公司持有金融资产不一定只是出于盈利和投机的目的，更多的是在实体经济缺乏盈利性或者融资困难的条件下，通过持有金融资产，为未来流动性进行

[①] 罗能生、罗富政：《改革开放以来我国实体经济演变趋势及其影响因素研究》，《中国软科学》2012年第11期。陈雨露：《"新常态"下的经济和金融理论创新》，《经济研究》2015年第12期。王永钦等：《金融发展、资产泡沫与实体经济：一个文献综述》，《金融研究》2016年第5期。

储备，属于"预防性"需求。①

从直观数据来看，在股市上涨行情中，非金融上市公司确实有增加持有金融资产的动机。2007年，非金融上市公司持有非流动性金融资产占全部流动资产的比重达到3.84%，远远高于相邻年份。2015年非金融上市公司持有非流动性金融资产占全部流动资产的比重上涨至6.33%（见表3-5）。但是，这个特征在非金融上市公司持有流动性金融资产占全部流动资产比重中表现得并不明显（见表3-6）。这可能与流动性金融资产主要是由货币资金组成，受股票市场行情影响并不显著有关。总体而言，在股市行情高涨的周期，非金融上市公司持有的金融资产占全部资产的比重确实有明显上涨的特征（见图3-8）。这在一定程度上反映出，股票市场的繁荣对实体经济确实存在一定程度的"挤出"。

表3-5　非金融上市公司持有非流动性金融资产占全部非流动资产的比重　　单位:%

	2005	2006	2007	2008	2009	2010	2011	2012	2013	2014	2015
持有至到期投资	0.02	0.15	0.11	0.09	0.12	0.07	0.08	0.07	0.05	0.06	0.04
可供出售金融资产	0.04	1.23	3.24	0.97	1.87	1.65	1.22	1.24	1.13	2.69	3.46
长期应收账款	0.12	0.39	0.49	0.62	0.82	1.22	1.51	1.95	2.25	2.53	2.82
总计	0.18	1.77	3.84	1.68	2.81	2.95	2.81	3.26	3.43	5.28	6.33

表3-6　非金融上市公司持有流动性金融资产占全部流动资产的比重　单位:%

	2005	2006	2007	2008	2009	2010	2011	2012	2013	2014	2015
货币资金	28.898	28.995	29.780	29.471	31.859	31.346	29.488	27.832	25.310	25.084	26.507
交易性金融资产	0.643	0.303	0.428	0.263	0.187	0.206	0.172	0.155	0.183	0.212	0.308
买入返售金融资产	0.000	0.102	0.315	0.029	0.005	0.037	0.001	0.000	0.003	0.008	0.026

---

① 胡奕明等：《金融资产配置动机："蓄水池"或"替代"——来自中国上市公司的证据》，《经济研究》2017年第1期。

续表

	2005	2006	2007	2008	2009	2010	2011	2012	2013	2014	2015
衍生金融资产	0.000	0.000	0.000	0.000	0.002	0.001	0.001	0.004	0.004	0.010	0.016
应收利息	0.005	0.014	0.026	0.065	0.029	0.035	0.069	0.101	0.088	0.091	0.081
合计	29.55	29.41	30.55	29.83	32.08	31.63	29.73	28.09	25.59	25.41	26.94

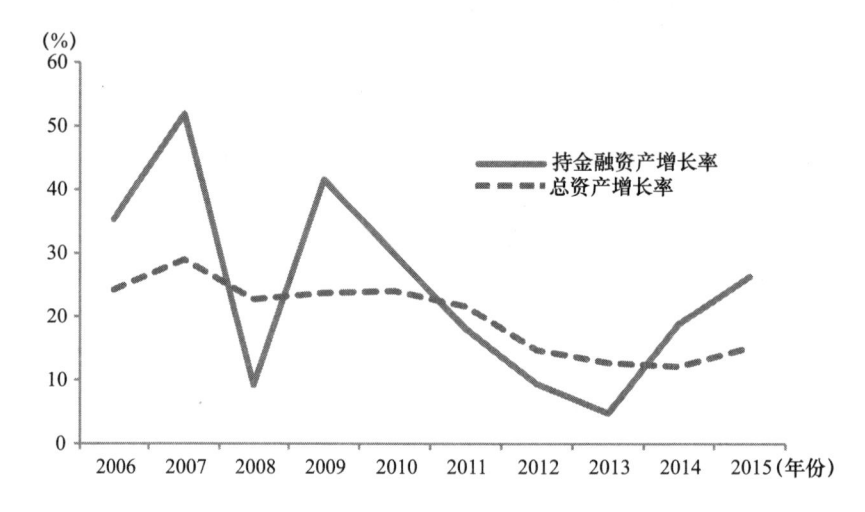

图 3-8 2006—2015 年非金融上市公司持有金融资产增长率及总资产增长率变化

五 简要结论与对策建议

通过上述分析，我们认为，股票市场的增长和波动确实是中国金融业增加值增长的重要驱动力量。股票发展一方面为实体经济增长提供直接融资渠道，扩大居民的财富效应；另一方面也蕴含着剧烈波动带来的金融风险以及对实体经济投资资金的"挤出"。在未来，应规范证券市场的交易行为，完善监管制度，发挥直接融资对促进经济增长的积极作用。同时，也应该看到证券市场交易对实体经济"挤出"的根源是投资收益率的差异，简单地依靠总量控制手段抑制资产泡沫，无法实现资金从证券市场向实体经济的流动。为了解决这个问题，应该在抑制证券市场泡沫的基础上，不断降低企业的融资门槛，提高实体经济盈利水平。最后，资产价格与实体价格之间的走势不一致导致货币政策制定难度加大，如何将资产价格纳入货币政策制定的规则中，是宏观调控政策改革需要重点探索的问题。

第一，正确认识证券行业对金融业和经济增长的贡献，不断提高直接融资的比重。从上述研究来看，股票市场等证券市场的繁荣和健康发展确实有助于维持稳定的金融业和经济增长。但是，与银行业相比，证券业对金融行业的影响比较小，大力发展证券行业有助于未来经济结构的优化调整和稳定宏观经济增长。中共十八届五中全会通过的"十三五"规划建议中提出，要积极培育公开透明、健康发展的资本市场，提高直接融资比重，推进资本市场双向开放。在经济新常态的环境和去杠杆的任务要求下，资本市场要比以前承担更为艰巨的任务，也更加需要大力扶持。

第二，加强监管，规范证券市场交易行为。证券行业发展对实体经济的"挤出"源于资产价格与实体价格之间巨大的差异，以及超额利润的存在。未来应规范上市公司的行为，特别是根据相关法律法规规范上市公司董事、监事及高级管理人员的行为，通过合理分红等方式维护中小股东的合法权益。强化监管部门对上市公司信息披露的要求，提高信息的可靠性、透明度和传播效率。督促上市公司完善法人治理结构，提高经营管理的透明度，逐步建立上市公司的退出机制。为资本市场健康发展打下良好的基础。

第三，不能简单依靠总量控制政策抑制资产泡沫，以促进资金流向实体经济。简单地依靠货币供给总量的控制等措施，可能会在短期内有效地抑制资产泡沫，但是却不一定能促进资金从证券市场顺利回流到实体经济。日本的经历为我们提供了研究的样本。第二次世界大战之后，日本经济进入快速增长通道。1955—1970年，日本GDP年平均增长速度超过10%，最高时期达到15%以上。虽然在20世纪70年代曾经出现短暂的衰退，但很快恢复，并持续保持经济增长速度快于其他发达国家。出口导向经济、繁荣的资产市场，为日本消费和投资增长奠定了基础。但是，过度投资导致资产市场价值迅速背离实体经济基础，经济泡沫终将破裂。随后日本消费、投资快速下滑，进入通货紧缩的通道。为了应对经济下滑，日本实施日元汇率贬值以及宽松货币政策等。当时日本国内有很多反对的声音，认为货币扩张已经不能推动消费和投资，特别是不能刺激投资，因为日本经济发展的问题不是利率过高，而是真实收益率太低，经济陷入"流动性陷阱"。为了弥补金融工具不足带来的经济下行，日本也企图采取宽松的财政政策刺激经济增长。在减税和扩展支出已经发挥一定作用时，日本政府担心陷入财政赤字危害的陷阱，而终止财政扩展，实施"财政重组"，并以提高消费税为手段，弥补财政赤字不足，这项措施导致消费下滑速度进一步加快。由于财政收入减少，宽松政策导致赤字不断扩大，人民预期当前税负的减少将可能提高未来税负，也没有扩大消费的意愿。

第四，切实降低企业，特别是中小民营企业的融资成本，提高实体经济的盈利水平。一是在保持适度流动性的同时，扭转银行的风险偏好和信贷投放方向。应保持适度宽松政策基调，为经济发展提供适度流动性，保障货币信贷和社会融资规模的合理增长。同时，重视对不同经济体实施差别化的政策，重点是扭转银行的风险偏好，清理银行的资产负债表，进一步加大对新兴产业、民生事业、战略性基础设施建设、大众创业定向金融扶持，切实降低资质优良的民营企业和中小微企业的融资成本。二是改革相关抵押制度，鼓励信贷资金进入中小企业和民营企业。三是鼓励企业之间的资金融通，形成互惠互利的经营方式。四是借鉴国际经验，建立专门服务中小企业和民营企业的政策性金融机构。

第五，深入研究是否将资产价格长期走势纳入货币政策关注的目标中。一般认为，中央银行应以"钉住通货膨胀率"作为单一的货币政策目标。但是随着资产市场价格剧烈波动带来国家经济危机的爆发，研究者呼吁将资产价格纳入货币政策框架。一方面，资产市场价格波动对实体经济具有重要影响，不得忽视；另一方面，资产价格走势蕴含的信息也有助于提前预知实体经济层面的变化。

持支持在货币政策中纳入资产价格的意见认为，随着技术进步，生活用品和生产资料替代率不断提高，消费品需求价格弹性越来越大，部分价格上涨将不能导致物价总水平快速上涨。虽然劳动力成本变动等因素将推动长期价格上涨，但是不会造成短期价格波动。作为替代弹性较小的初级产品，如食品、能源，其价格波动将导致物价总水平指标呈现结构性波动。无论诸如CPI等物价总水平指数波动是"整体性"还是"结构性"的，都与资产价格波动有关，其传导途径包括如下三种：一是对资产价格事后修正，导致货币供给量以及利率等货币政策工具的变化，从而影响实体经济；二是资产价格波动导致货币流动推高初级产品价格；三是资产价格剧烈波动导致经济增长速度放慢，以及币值变化对价格总水平的影响等。

但是，也有持反对意见，认为与消费品价格不同，资产价格是很难通过真实供求予以判断的。资产价格来源于市场投资和投机的需求，对预期的难以把握使得中央银行不能准确判断资产价格走势，也不能较好地预防和调控。此外，现有中央银行货币政策工具只能改变短期利率形成，无法决定像房屋贷款等长期利率形成的过程。这就说明，即使中央银行有管理资产价格的意愿，也缺乏相应的方法。

无论争论结果如何，从实际操作层面看，资产价格确实对货币政策制定具有重要的影响，从而也影响价格总水平走势。

特别是在工业、消费领域通货紧缩压力加大，而资产市场价格高涨时期，货币政策面临更加明显的两难选择。2014年以来，历来中央重要会议对货币政策的表述基本是"注意疏通货币政策向实体经济的传导渠道"。2016年7月中央政治局会议提出，降低成本的重点是增加劳动力市场灵活性、抑制资产泡沫和降低宏观税负；2016年10月28日中央政治局会议提出，"要坚持稳健的货币政策，在保持流动性合理充裕的同时，注意抑制资产泡沫和防范经济金融风险"。这说明未来应深入研究将资产价格逐步纳入央行货币政策需要关注的目标中。

第四章　中国金融业高增长：
房地产因素[*]

金融渠道特别是银行贷款是房地产业主要的资金来源，金融业的高增长与房地产业必然有重要关联。自1998年住房市场化改革以来，特别是2004年以后中国房地产市场的快速崛起带动了金融业的高速增长。相应的，房地产泡沫和金融泡沫的不断累积特别是信贷泡沫膨胀就在所难免，泡沫破灭对金融体系乃至经济体系形成的冲击同样难以避免。因此，如何将房地产业与金融业稳定在相对均衡增长的合理区间，对于研究者、从业者和决策者而言都是孜孜以求的目标。本章重点探讨的问题，一是房地产业如何影响了金融业的高增长，二是当前房地产和金融领域存在哪些风险性因素，三是如何将房地产业与金融业导入相对均衡发展的平稳轨道。

一　房地产与金融增长的特征事实

（一）房地产与金融增长率高度相关

自1998年住房市场化改革以来，房地产业的增长率与金融业的增长率以及波动趋势几乎完全一致（见图4-1），在近20年的时间内几乎保持着同涨同跌的总体走势。2004年以后，房地

---

[*] 本章作者为高广春、李超。

产业的高速增长也带动了金融业的快速扩张，两者增长率大致在2007年第三季度前后出现波峰，2008年金融危机过后两个行业增长率开始同时震荡收窄。Pearson 相关系数显示，房地产业和金融业增长率的相关系数高达 0.561，并且在 1% 的水平下显著，两者产值增长率显示出很强的正相关性。进一步通过格兰杰因果检验对房地产业和金融业增长率的因果关系进行检验，结果显示，短期内房地产业的增速是金融业增速的格兰杰原因，而金融业增速反过来对房地产业增速的影响作用并不十分明显。由此可见，短期内房地产业的快速增长带动了金融业的高增长率。①

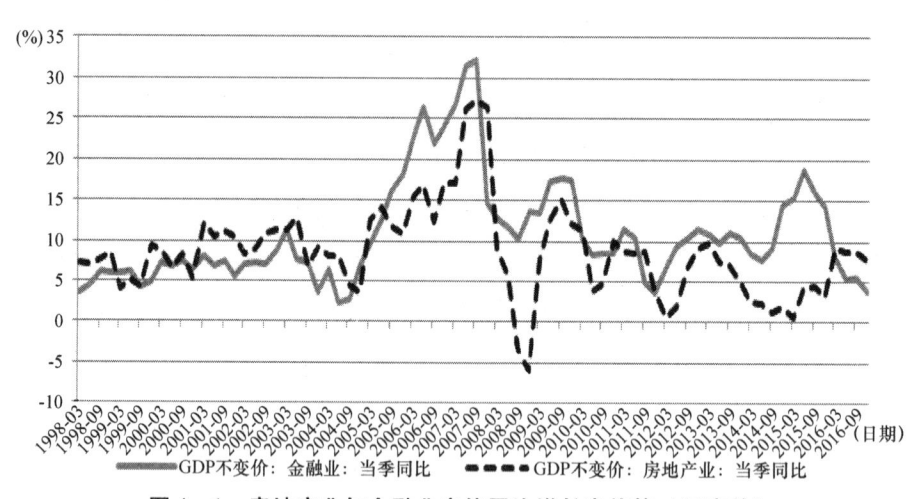

图 4-1 房地产业与金融业产值同比增长率趋势（不变价）

（二）房企对间接融资的影响更显著

房地产业的高速增长对金融的影响包括直接金融和间接金融两个渠道，在目前中国间接金融主导的金融体系下，信贷自然成为主要渠道。本部分将两个渠道简单细分为信贷、信托和资本市场（股票和债券）三个方面。图 4-2 显示，自 2004 年以来，在房企三大资金来源渠道中，信贷一直居于绝对优势地位。自 2013 年第四季度以来，得益于 IPO 开闸和债券发行规模

---

① 如无另外说明，本章数据均来源于 WIND 数据库。

的大幅增加，房地产资本市场融资占比升速有所加大，但信贷高占比依然难以撼动，2016 年信贷占比仍然高达 84.65%。基于此，本部分实证分析中多数内容是针对房地产信贷。

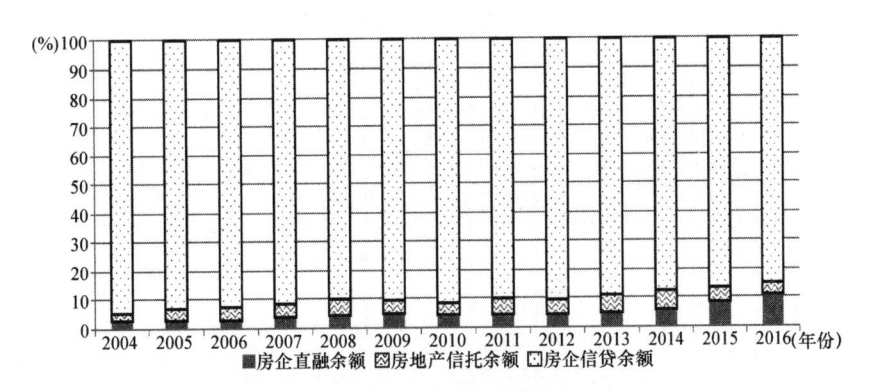

图 4-2 房地产融资结构

注：房地产信托余额 2004—2009 年的数据是由 2010 年的数据倒推估计而得。

（三）房地产与住房抵押贷款快速联动

房地产信贷融资可分为开发贷款和按揭贷款两部分。而自 2004 年以来按揭贷款的权重多高于开发贷款的权重，特别是近两年房地产信贷几乎全部依赖按揭贷款。图 4-3 显示，按揭贷款在房地产贷款中的权重多年保持在 60% 以上。2016 年，全国新增 12.65 万亿元人民币贷款主要来源于居民中长期贷款，其中按揭贷款占比历史性地突破了 70%，高达 73% 的历史最高值。

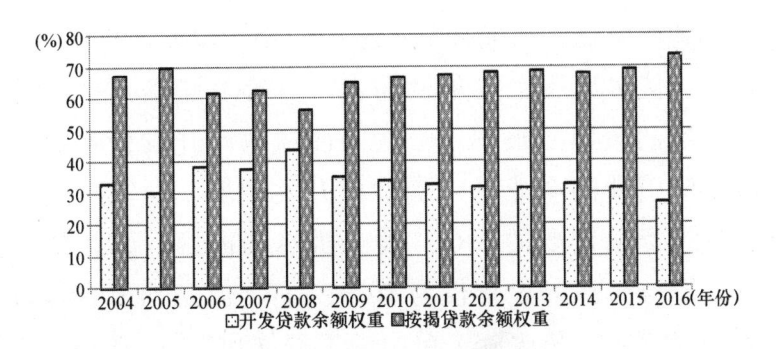

图 4-3 房地产信贷余额结构

按揭贷款增额的权重优势在近两年的表现更为明显，2016年的权重甚至超过了90%（见图4-4）。换言之，金融机构进入房地产业的贷款中90%以上的比例是借助按揭贷款渠道。

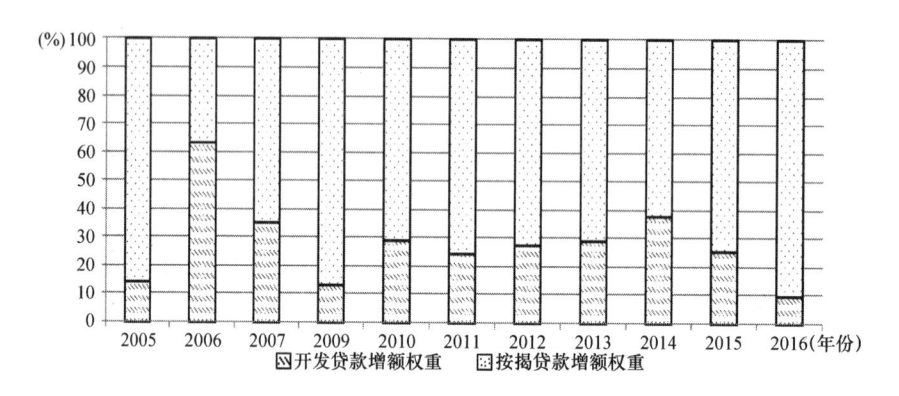

图4-4 房地产信贷增额结构（%）

由上观察，房地产的持续繁荣与金融业高增长具有很强的联动效应，而由于中国信贷主导的融资体系使得此种联动更多地表现为房地产信贷的高增长，特别是按揭贷款的高增长。

二 房地产市场影响金融增长的机制

（一）直接机制

房价上涨所带来的预期效应会同时从需求端和供给端作用于银行房地产信贷，从而导致房地产信贷规模显著扩大。

第一，从房地产企业角度而言，房价上涨提高了房地产企业开发投资的预期回报率，必然促使房地产开发企业扩大投资规模以及吸引新的企业进入房地产开发领域。而银行信贷是房地产开发投资最重要的资金来源，虽然国内银行直接贷款占房地产开发资金来源的比重仅为30%左右，但是加上自筹资金及应付款项（开发商拖欠施工单位的工程款和供货商的材料款等）中的银行间接贷款，银行贷款占房地产开发资金来源的比重高达60%左右，因此房地产投资规模的扩大会显著增加房地产开发企业的信贷需求。该机制可以简单表述为：房价上涨—房地产预期乐观—增加房地产投资—房地产企业融资需求扩张。

第二，从购房者角度而言，在宏观经济增速下降、股市持续不振的影响下，房地产的投资属性开始凸显。房价的过快上涨导致投资投机需求迅速增加，部分热点城市的刚性需求和改善型需求也开始恐慌性入市，整体上呈现出刚需、改善型、避险型和投资型需求叠加的态势。房地产市场继续走高的预期促使购房者进行房地产投资或提前购买，甚至引发惶恐性购房热潮，从而将扩大购房信贷需求。从总量来看，通过按揭贷款买房的消费者占全部购房者人数的90%，其中70%左右的购房资金来源于银行贷款，因此，房价上涨会显著增加购房者的信贷需求。该机制可以简单表述为：房价上涨—房地产预期乐观—投资投机需求增加—个人住房贷款需求增加。

第三，从银行金融机构角度而言，房地产类贷款在各类贷款中不良贷款率相对较低。住房价格上涨提高了房地产抵押资产的价值，从而加大了银行房贷意愿并激励银行扩大房地产信贷。当房地产价格上涨被解读为房地产市场繁荣的信号时，房地产类贷款的质量和预期收益也将同步提高，促使银行扩大对房地产业的信贷供给。同时由于中国银行长期以存贷利差收益作为最主要的利润来源，这种经营特点进一步强化了银行将房地产作为其重点业务领域，大量发放相关房地产贷款。该机制可以简单表述为：房价上涨—房地产预期乐观—住房相关信贷资产价值上升—银行房贷投放意愿增加。

从图4-5中可以看出，前期的住宅价格对本期的住宅价格、前期的房地产投资对本期的房地产投资、前期的房地产贷款对本期的房地产贷款都存在滞后影响。从不同变量之间的脉冲响应函数来看，住宅价格在一定程度上对房地产投资和房地产贷款都存在显著的正向冲击，房地产贷款的增加也明显拉动了房地产投资的增加，而房地产投资对房地产贷款、房地产投资对住宅价格、房地产贷款对住宅价格的冲击作用并不明显。总体而言，短期内房地产业对金融业的正向冲击作用非常明显，而短期内房地产贷款增速反过来对房地产业的影响作用并不十分突出。

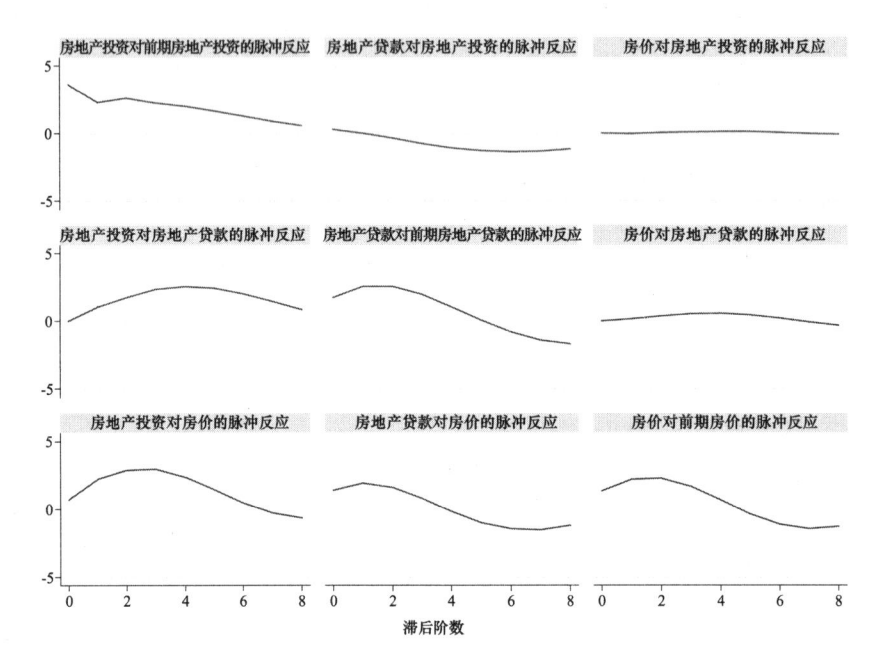

图 4-5　住宅价格、房地产投资与房地产贷款脉冲响应函数

(二) 间接机制

房价上涨导致的财富效应增加了家庭和企业所拥有的抵押品价值，增强了借款人获取银行贷款的能力并提高了其潜在的可得贷款额度，从而增加了银行信贷的整体规模。

第一，从企业方面考虑，一方面由于房价上涨导致了房地产投资预期收益的提升和房地产新项目投资需求的增加，会进一步带动房地产相关行业的市场需求扩张，从而引发房地产相关行业的信贷需求增加。该机制可以简单表述为：房价上涨—房地产新项目投资需求增加—房地产相关行业市场需求扩张—房地产相关行业融资需求扩张。另一方面，由于房价上涨导致持有房地产企业的资产增值,会导致其杠杆能力增强,从而增加这一类企业的投资信贷需求。该机制可以简单表述为:房价上涨—持有房地产企业资产增值—杠杆能力增强—信贷需求扩张。

第二,从家庭方面考虑,由于房产价值在中国城乡家庭财产中占有很高比例,房产价值的增减几乎对所有家庭的总体财产都产生举足轻重的影响。房价上涨显著提高了持有房产居民的财富水平,这种财富效应会通过居民平滑一生消费的动机促使其调整支出和借贷计划,更多地通过银行贷款增加当期消费。该机制可以简单表述为:房价上涨—居民财富增加—消费需求扩张杠杆能力增强—抵押信贷需求提升。另一方面,房地产价格上涨会导致居民资产增值和居民房价预期提升,家庭杠杆能力的增强会进一步增加投资需求,从而导致信贷需求的扩张。但由于近年来股市、外汇和黄金市场等收益率较低而风险较高,在投资渠道选择不多时许多家庭投资者会选择房地产市场,从而进一步推动了住房价格的上涨和个人住房贷款需求的扩张。该机制可以简单表述为:房价上涨—居民资产增值和房价预期提升—杠杆能力增强和投资性住房需求增加—信贷需求扩张(见图 4-6)。

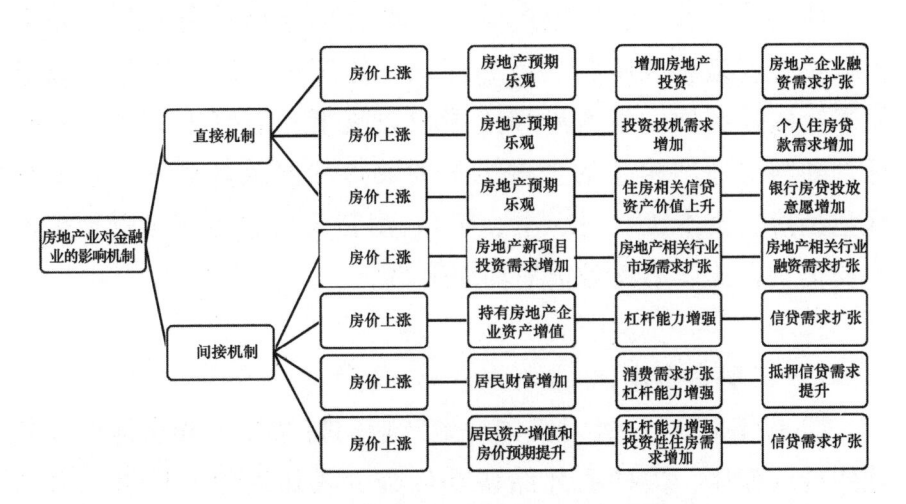

图 4-6 房地产业对金融业的影响机制框架

三 房地产市场影响金融稳定：多指标综合分析

房地产业是典型的周期性产业之一，金融业从房地产业的扩张中受益，也很难避免在房地产业的萧条中受损，此种兴衰交替的剧本已经在多数发达国家经济体中多次上演。其中的逻辑机制可以简述为：房地产业的过度扩张（房价过快持续上涨、房企资产过快持续扩张）伴随房地产金融过快扩张（房贷过快增加、个人按揭贷款飙涨、房地产信托膨胀、房企资本市场融资或股价或市值过快上涨、房贷二级市场即证券化市场过度繁荣）。房地产业与金融业并行扩张的最高点即所谓的房市泡沫和金融泡沫张力的极限值。随后发生的很可能就是，房市泡沫破灭，房市迅速收缩并持续较长时间的萧条，接踵而至的是金融资产的坏账增加，金融机构收益严重缩水甚至濒临破产，金融机构纷纷收缩对房地产领域的信贷或投资，房地产市场进一步恶化，进而导致金融体系运营进一步恶化，甚至引发整个经济体系的动荡和危机。

那么，中国目前房地产业和金融业的高调共舞背后，是否正在孕育着诸种风险？又该如何识别这些风险呢？以下部分借用来自国际层面、学术界和中国相关政策和监管方面的一些指标判断与房地产相关的金融风险的聚集状况及其程度。主要指标包括房贷资本比（月、季、年）、房贷偿付率、房企资金来源中的信贷占比、不良房贷率和期限错配。

（一）房贷资本比

2006年12月，针对美国房地产业的持续繁荣和房地产业贷款的持续膨胀，美国联邦储备委员会、联邦货币监理署和联邦存款保险公司建议，设立商业银行房地产贷款临界值（thresholds，或称上限），其中商业房地产贷款的上限定为各银行资本金的300%，而对房地产建设和土地开发的贷款上限定为资本金的100%。[①] 一旦银行的这类贷款达到上限，放贷银行就要采取像提高自己资本金比例那样的防范措施，此即房贷资本比指标的来源。

金融机构资本可做多种细分，本章以实收资本和所有者权益两个细分指标为参考，考察房地产贷款对资本的比例。图4-7显示，2010—2016年，金融机构房贷与实收资本之间的比例多已超过400倍，2016年6月的这个比例高达近600倍。这表明中国当前按照实收资本计算的房地产贷款已经进入较高风险区域。但用所有者权益匹配的房地产贷款比例则多为140—160倍（见图4-8），远远低于300倍风险临界值，表明房地产信贷在金融机构资产配置中仍处安全区间。

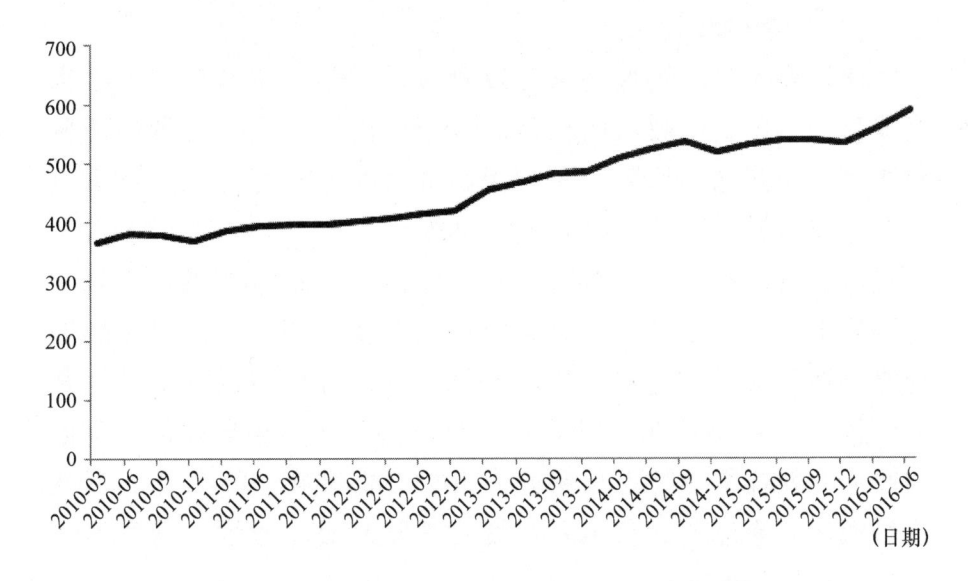

图4-7 2010年以来中国房贷实收资本比变化趋势

注：房贷为金融机构房贷余额，实收资本 =（中资银行+农信社+外资银行）实收资本。

---

① 《联邦金管机构拟设房地产贷款上限》，《台湾时报》2006年12月13日。

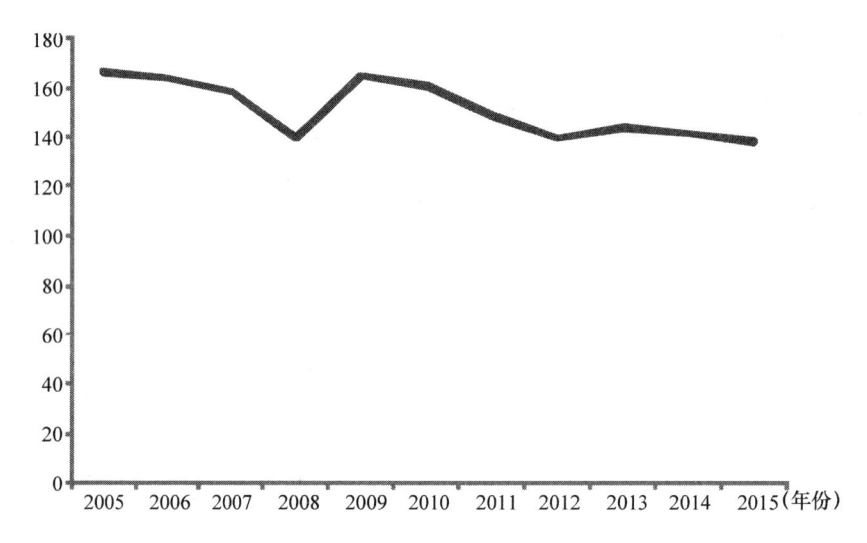

图 4-8　2005 年以来中国房贷净权益比变化趋势

注：房地产贷款余额来自 wind 资讯（央行数据），金融机构所有者权益数据来自中国银监会年报。

（二）偿付收入比

偿付收入比即按揭贷款家庭月或季、年房贷本息支出占当月或季、年可支配收入的比例。该指标用于衡量购房者的债务负担压力及其违约风险。中国银监会《商业银行房地产贷款风险管理指引》（2004）中将该比例规定为 50% 以下，但多数发达经济体将合理负担比例确定为 30% 以下，而 50% 的比例意味着购房者已经具有严重的债务负担。事实表明，中国银监会的标准制造了大量的房奴。所以本章以发达经济体的标准作为判断依据。图 4-9 表明，按平均值计量的全国城镇居民的季度偿付收入比在样本空间内都超过了 30%，但多在 50% 以下，反映出城镇居民家庭购房债务负担压力普遍较重，也预示着房地产金融进入风险区间。

如果分城市观察，房地产信贷处于风险区域的特征更加明显。《中国住房发展报告（2011—2012）》显示，2009—2011 年，34 个样本城市中个人按揭贷款月度偿付率在大多数月份超过 50% 的城市有 18 个，占比约为 53%；在大多数月份为 30%—

图 4-9　全国城镇居民家庭购房季度偿付收入比

50% 的城市有 12 个，占比约为 35%；在大多数月份低于 30% 的城市只有 4 个，占比约为 12%，分别是呼和浩特、济南、沈阳和重庆。特别值得关注的是，部分城市和部分月份的月度偿付率甚至超过 100%，这样的城市集中在北上广深四大一线城市，特别是北京和深圳，这样高的债务偿付比的部分原因可能是北京和深圳等城市的房地产市场的投机成分过重，将房价推高到本市居民难以承受的地步，[1] 自然也孕育了较高的偿付违约风险。

（三）贷款资金来源权重

参照国外房地产企业资金来源结构（40% 的房地产基金，40% 的私募基金，包括私人投资或者企业之间的投资，剩下 20% 才是银行贷款），陈红梅、黄石松提出房地产企业资金中的贷款占比的合理水平为 20%，超过该水平将意味着住房贷款的风险会增加。[2] 图 4-10 显示，2005 年以来房地产企业资金来源中房贷占比在多数年份超过 20%，2016 年该比例竟高达近 40%，超出

---

[1] 倪鹏飞主编：《中国住房发展报告（2011—2012）》，社会科学文献出版社 2011 年版。

[2] 陈红梅、黄石松：《基于成分数据的中国房地产资金来源结构变化趋势预测》，《经济界》2007 年第 2 期。

陈红梅、黄石松测度合理比例水平的近一倍。而在 2016 年 1—11 月全国房地产开发建设本年到位资金来源中，企业自有资金比例仅为 14.5%，为 15 年以来新低。在 2016 年房地产相关贷款增速过快的情况下，房地产领域的金融风险隐患随之上升。

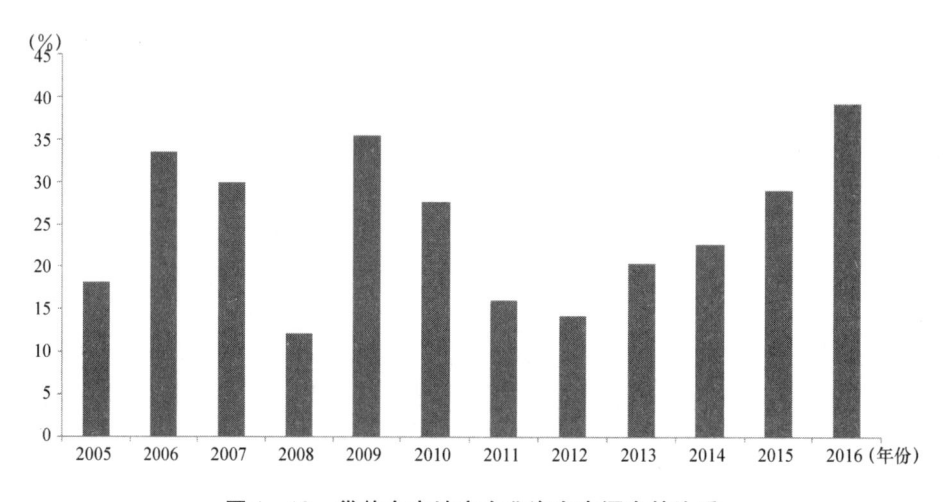

图 4-10　贷款在房地产企业资金来源中的比重

（四）不良贷款率

不良贷款率反映的是过去和当下房地产贷款的质量情况。图 4-11 显示，自 2005 年以来，无论是按揭贷款还是开发贷款

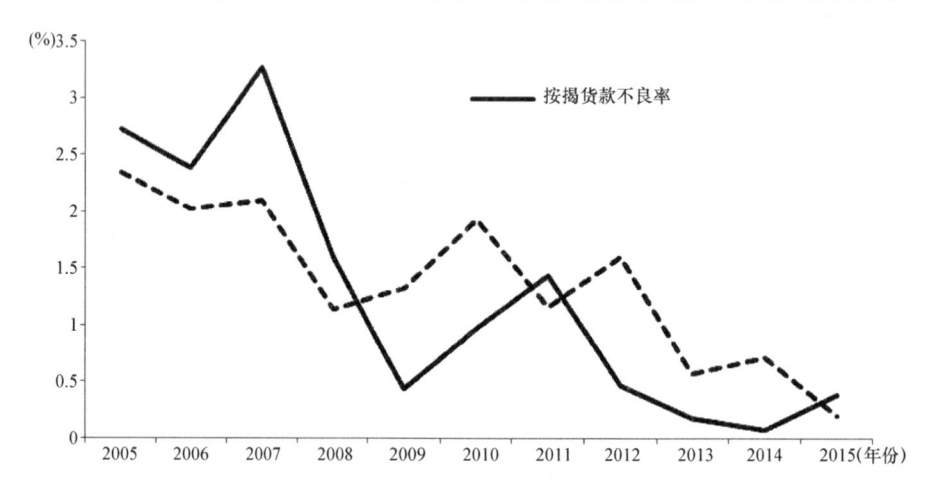

图 4-11　按揭贷款和开发贷款的不良率走势

的不良率都有走低趋势，不良率的最高纪录也在3.5%以下。总体而言，按揭贷款和开发贷款的不良率保持在较低水平，并且呈现出逐年走低的态势。

从房地产贷款不良率与其他行业贷款不良率的比较看，在多数年份，房地产开发贷款和按揭贷款的不良率都是相对较低的。表4-1显示，在21个行业贷款不良率的排名中，按揭贷款不良率只有1个年份是排在10名以内，其他年份多在15名以后；开发贷款不良率排在10名以内的年份又只有5次，其他年份多在17名。

表4-1　　　　　　　　　21个行业贷款不良率排名

年份	按揭贷款	开发贷款
2005	15	17
2006	15	17
2007	15	17
2008	15	17
2009	17	13
2010	13	3
2011	5	7
2012	14	4
2013	18	10
2014	21	9
2015	15	17

（五）期限错配

期限错配是最典型的房地产贷款特点之一。期限错配易引发两类基本风险，其一是流动性风险即按揭贷款与城镇居民定期存款之间的缺口而引致的风险，近年来，因利率市场化加速，居民存款活期化比例加速走高，定期存款占比快速下降，而且1年期以上存款缩水幅度更大，5年期定存近乎枯竭。这种趋势恶化了房地产贷款的期限错配状况，加剧了相应的流动性缺口风险。其二是收益风险。即金融机构在房地产贷款中所存在的期限错配问题在利率波动因素的影响下,成本收益存在不确定性,从而影响其收益而形成的风险。由于收益风险的测定较为复杂,这里仅对房地产贷款的期限错配引发的流动性风险进行测量。图4-12表明,因房地产贷款期限错配引发的流动性缺口在近3年来持续加速扩大,2016年年底这个缺口余额已经超过万亿元,占个人购房贷款余额的六成以上。

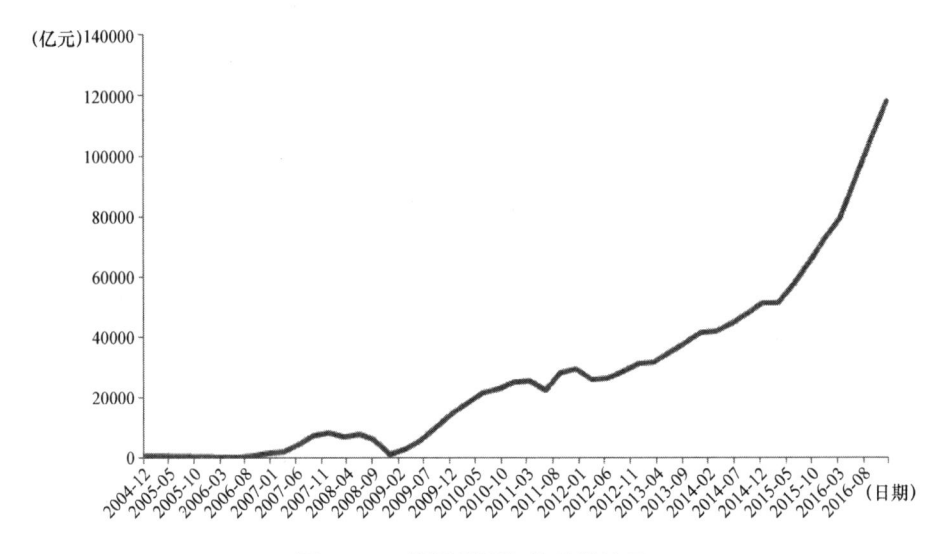

图 4-12 期限错配与流动性缺口

注:由于2010年以来,1年期以上定期存款,特别是5年期以上定存大幅缩水,将匹配个人购房贷款的定期存款估计为定存原始数据的20%。

(六)综合判断:有远虑而无近忧

以上五个指标中,不良贷款率和房贷净权益比显示房地产信贷质量明显处于安全区域。其中不良贷款率持续走低且相对于其他多数行业信贷质量明显居优,反映房地产信贷资产在过去、当下及未来短期内是金融机构的优良资产,不但给金融机构带来较高回报,而且也有效支持着金融资产的安全性。房贷净权益比远离300倍的风险值也意味着金融机构具有较强的应对房地产波动风险的资本能力。

但其他几个指标均不同程度地令人担忧。这些指标多为反映房地产信贷中长期风险的状况，均向我们拉响了警报。首先是实收资本衡量的金融机构放贷能力已经严重透支，这就意味着房市波动对金融机构补充资本的压力远远遮住了房贷净权益比带来的乐观。其次是偿付收入比反映多数城镇家庭的住房债务负担较重，违约风险的概率很可能随时间推移不断加大。房企资金来源中的房贷比重过高则意味着房企债务偿付压力大，违约概率高。期限错配下的流动性缺口也是一个反映中长期风险的指标，该指标在近几年的快速拉升也埋下了金融机构风险的种子。

由上可推断，房地产相关金融风险可以概括为近无忧远有虑。近无忧的主要原因是房地产业还正处于扩张期。自中国20世纪90年代初推进住房制度改革以来，尽管房市或有波动但诸种因素促成中国房市处于持续扩张期，房市的持续扩张不断提升了房地产相关各方的乐观预期，也持续神化了房地产相关债务的偿付能力，造就了房地产金融持续的歌舞升平。但作为典型的周期性行业，看似是不断延续的房地产的春天总会有尽头。房市泡沫一旦破灭，房价的持续阴跌对产出所造成的冲击是其泡沫的两倍，而且确实会给一些工业化和新兴市场国家银行业带来危机。[①] 而中国上述令人担忧的房地产相关金融风险的中长期观察指标则为房价下跌到来时对金融体系稳定性的灾难性冲击埋下了隐患。

四 寻求房地产与金融业均衡发展的区间

自20世纪80年代以来，无论是日本的泡沫经济和"失去的30年"，还是1998年东南亚金融危机以及2008年美国房地

[①] 《房地产指标与金融稳定》，中国人民银行金融市场司译，中国金融出版社2006年版，第14、21页。

产次贷危机所引发的全球金融风险，我们都可以发现房地产金融风险是泡沫的主要发起点，而且银行信贷非理性扩张对金融泡沫具有推波助澜的作用。通过前文对中国房地产金融的系统分析，可以得出一个基本判断，即房地产业的高增长会对购房者、开发商以及银行金融机构产生乐观预期，从而导致房地产信贷的快速扩张并对金融业高增长产生显著影响。与此同时，由于中国住房市场对金融业具有较高依赖性，房地产市场的剧烈波动风险就更加容易转化为银行信贷风险，从而使中国宏观经济形势面临潜在的金融风险。因此，近年来房地产业的过快发展和金融业的高增长已经埋下了诸多风险隐患，寻求房地产业和金融业的均衡发展以及和谐共振关系显得日渐迫切。

从理论上讲，两产业的均衡发展区间应该是两产业的成本、风险和收益都能实现最优均衡或次优均衡的区间。这样一种区间需要相关制度、体制、政策等多种因素的综合作用，也需要借助诸多相关的量化指标的持续优化去实现。其中，就量化指标而言，除了前述测量房地产信贷风险的指标以外，还有与房地产均衡发展相关的指标，诸如房价收入比、租售比、房企资产负债率、房企自有资金比例等。这些指标的趋于最优化，需要相匹配的制度、体制和政策组合的不断优化。以下重点提出与房地产融资均衡有关的制度、体制和政策优化建议。

（一）优化经济结构调整，调减房地产融资权重

如前所述，房地产融资持续过热，诸如房地产企业资金来源中的权重偏高、商业银行房贷与其自有资本比例过高等，导致房地产融资日益偏离其均衡区间。由此，调降这些指标的权重自然成为有效应对的选项。而房地产融资"退烧"的根本在于经济结构的有效调整。

自中国住房商品化改革以来，中国经济的房地产化程度持续走高，特别是近几年在宏观经济增速下降、实体经济不振、

股市人气低迷的背景下，房地产业成为机构和个人为数不多的具有投资价值的行业之一，房地产的投资和投机属性更加凸显。去库存和居民加杠杆的政策导向则进一步促成了金融资源向房地产领域的蜂拥态势。

金融资源对房地产领域的持续高配显然与近年来中国经济结构转型的方向与路径不甚匹配。换一个角度思考，金融资源对房地产业的持续青睐也反映出经济结构转型及其政策引导尚未形成足够力量，来改变金融资源过度房地产化的配置路径和配置结构。由此，釜底抽薪的做法应该是以有效的经济结构调整促房地产融资权重的调降。经济结构调整的具体路径至少包括三个基本的内容：其一是产业结构创新过程培育出规模化、高效率、可持续的新兴产业，其二是定向激励政策引导金融资源增加对实体经济和新兴产业的配置比重，其三是建构政策性金融体系，为投放到关系国计民生的保障性领域中的商业性金融资源提供增信支持。

（二）完善资产评估系统，加强房地产信贷风险管控

房地产信贷的稳定持续投放是住房市场及银行系统健康发展的重要条件，但目前房地产信贷往往依据住房的现价作为评估依据。一旦住房价格波动必然会导致银行抵押资产或担保资产的链式反应。当住房价格上涨时，金融机构、购房者和开发商会形成一致乐观预期和"羊群效应"，争相发放房地产贷款从而导致金融业贷款过度投放。而一旦住房价格下降时，银行则急剧收缩房地产贷款特别是住房消费信贷，不利于国内金融稳定及住房市场的健康发展。未来要促进房地产业对金融业的良性影响就有必要建立并完善房地产资产评估系统，客观评价住房资产的真实价值及住房市场发展走势，防止房地产市场的过度扩张和收缩对金融系统造成的不良影响。为此，我们建议土地储备自有资金与信贷投入比不得低于40%，房地产开发商投

资与信贷投入比不得低于40%,并适当提高个人购买豪华别墅、高档商用房或以投资为目的购买第二套普通住房的首付比例。同时加强住房消费信贷诚信系统建设,完善个人和企业房贷信用体系记录,加强金融业自身的风险控制,有效防范规避房地产业波动对金融业和宏观经济造成的潜在影响。

(三) 完善房地产金融体系,促进融资渠道多元化

当前国内房地产行业以银行为主的单一融资渠道,一方面会加剧银行信贷风险,另一方面也会因为银行的不合理信贷调整影响房地产市场的健康发展。未来完善房地产金融体系建设,在收紧银行对房地产企业信贷规模的同时,还必须为房地产企业创造新的融资渠道,通过房地产融资渠道多元化来实现有效的风险分散,用以解决当前房地产企业过于依赖银行资金的问题。鉴于中国目前金融体系以银行为主,以及住房市场中众多中小房地产企业自身资金不足的现状将会长期存在,未来相当长一个时期内,中国多元化的房地产融资渠道将仍以银行信贷为主,但要不断完善融资手段和创新融资工具。政策层面也应及时调整顺势而为,将房地产资本市场融资纳入房地产稳健发展的长效机制建构之中,有效扩大住房直接融资市场比重,促使房地产资本市场融资特别是股票市场融资步入规范化的轨道。除此以外,建设多元化的融资渠道亦可吸纳房地产信托、基金以及外资对房地产市场的融资支持。

(四) 推进房地产资产证券化,防控房地产金融风险

与国外成熟的资产证券化市场和模式相比,虽然国内市场还处于初级阶段,制度和政策法规仍需逐步完善,但近年来中国资产证券化参与主体不断增加,产品种类和发行规模呈爆发式增长,基础资产范围不断多元化等表现说明中国房地产资产证券化市场蕴藏着较大潜力。从目前来看,房地产金融的主要

风险表现在房地产融资结构过于集中于信贷领域的所谓集中度风险、房地产信贷的期限错配风险、房地产信贷的利率风险以及房地产信贷的违约风险。而在一系列缓释房地产金融风险的策略选项中，最为有效的策略就是房地产资产证券化。加快推进房地产资产证券化步伐，有利于房地产企业构建良好的运营机制，房企也可以利用证券市场的功能，极大增强资产流动性，为房地产企业开辟新的融资渠道，使房地产金融市场呈现除银行、股票、债券市场的融资外，信托、基金和REITs共同发展的多元化格局。同时抵押贷款、有限合伙、信托投资基金、住房公积金、物业费收入和棚户区改造贷款等各类资产参与到房地产金融市场体系中，将起到分散房地产经营风险的作用。

（五）以分类住房调控体系为导向，建立差异化信贷政策

近年来，中国房地产市场主要表现为区域分化现象持续，结构性过剩与结构性短缺并存。一、二线城市由于受到供地约束和人口过度集聚的影响，其刚性需求和改善性需求依然强烈，而大部分其他城市由于人口规模和房地产市场增长后劲乏力，面临着严重的去库存压力，因此必须进一步明确和把握分类调控的策略导向进行供给侧改革。在土地和住房供给上，对于人口基本面较大，住房市场供需矛盾长期存在的一、二线城市，在用地指标、住房供给总量方面给予适当倾斜；而对于人口外流严重，住房市场供给过剩的三、四线城市，对供给端应该适当收紧。在信贷政策方面，一、二线城市房地产信贷对住房价格弹性较大，鉴于这些区域的高房价及高增长率，有必要持续性地采取紧缩性信贷政策，促进这些区域住房价格的合理回归；对于住房价格较为合理的三、四线城市，可以适当采取较为宽松的信贷政策，带动这些区域住房市场的稳定持续发展；而对于住房价格畸高而需求支撑不足的部分城市，要加强金融领域风险监管和风险防范。

第五章 关于金融业增长：一个国际比较*

本章首先从文献角度阐述了金融发展与经济增长的理论基础，利用世界银行经济发展数据库和OECD数据库，刻画了不同国家金融业发展的图景，比较新兴市场国家和OECD国家金融业产出占GDP比重（以下简称金融业产出占比）的差异；回顾了美国、英国、印度金融业发展的历史过程，并总结了金融业发展的相关决定因素。总体上看，2006年以来，特别是2010年以后，中国金融业产出占比持续上升，与新兴市场国家和OECD国家相比，2015年中国金融业产出占比偏高，今后应控制金融业产出占比，提高金融业发展的质量和效率。

一 金融与经济协调发展的逻辑

金融发展与经济增长之间的关系是金融发展理论的核心问题。目前多数学者认为金融发展与经济增长之间存在关系，并且这种关系随着经济的持续增长不断深化。戈德史密斯（Goldsmith）发现金融发展与经济增长之间呈现非常强的正相关关系：随着经济发展水平、国民收入的提高，金融相关率（一国全部金融资产价值与该国经济活动总量之比）也会相应提高。[1] 在经

---

* 本章作者为汪红驹、李原。
[1] ［美］戈德史密斯：《金融结构与金融发展》，上海三联书店1988年版。

济增长与金融发展的互动关系理论中，Patrick 提出了金融双模式理论：① 需求跟随型金融发展，即金融发展是实体经济部门发展的结果，金融发展附属于经济发展；供给引导型金融发展，即金融发展是经济增长的一个必要条件，对经济增长有着自主的积极影响。经济增长的早期阶段，一般是"供给引导"的金融发展模式，在这个阶段，需要一种直接的刺激来动员储蓄为经济增长提供投资资金。而在经济发展的后期，金融部门本身已经有了较大发展，"需求跟随"的发展模式会更加普遍。学术界多数研究集中在一国金融发展如何促进经济发展上，强调金融的能动作用，这一结论也在一些国家的发展过程中得到印证。而在中国，经济增长对金融发展的促进作用更显著，这也符合现代制度学派主张的经济增长导致金融发展，即经济增长带来金融机构的发展变化，从而促进金融市场的建立的理论。其中以 Lucas 为代表的一些经济学家认为经济发展会创造对金融服务的需求，从而导致金融部门的发展，实现经济增长带动金融发展。②

在经济增长如何作用于金融增长方面，综合国内外学者的研究，可以概括为以下几个方面：一是由于金融市场存在固定的进入费用或交易成本，即"门槛效应"，人均收入和财富的增加会促进金融中介和金融市场的发展。③ 二是经济增长和资本积累规模的不断扩大会导致资本的边际产品相对价格呈现下降趋势，同时减少信贷市场上不必要的信息摩擦和监督行为，节约

---

① Patrick H. T. "Financial Development and Economic Growth in Undeveloped Countries", *Economic Development and Cultural Change*, 1966, 34 (4), pp. 174 – 189.

② Lucas, Robert E., J. R. "On the Mechanics of Economic Development", *Journal of Monetary Economics*, 1988, 22 (1), pp. 3 – 42.

③ Greenwood, Jeremy and Jovanovic, Bruce. "Financial Development, Growth, and the Distribution of Income", *Polit. Econ.*, Oct. 1990, 98 (5, Pt.1), pp. 1076 – 1107. Greenwood, Jeremy and Smith, Bruce. "Financial Markets in Development, and the Development of Financial Markets", *Econ. Dynamics and Control*, Jan. 1997, 21 (1), pp. 145 – 181.

金融中介用于信息证实的资源投入，金融中介的效率得以提高，经济发展促进了金融市场尤其是股票市场的发展。[1] 三是随着收入水平的提高，整个社会的消费率将下降，投资率上升，由于在现代市场经济中投资活动是以金融为媒介，投资活动必然引致金融活动方式或金融资产结构发生变化，于是社会投资率的上升导致金融深化程度同比上升。四是经济结构提升会促使金融业的发展壮大和金融结构的完善。经济规模的扩大要求金融业提供更大规模的金融服务，经济结构的转变及与此相伴随的企业制度创新、市场规模的扩大及其复杂化，要求金融业提供更为复杂的金融服务，如股份制的出现引致股票市场兴起，经济规模的扩张、经营风险的提高引致了企业对衍生金融产品需求的扩大等。

二 金融业增加值占比：国别差异

理论上，金融业发展与经济增长存在相互促进、协调发展的机制，但是不同经济体因历史环境、法律制度、经济发展水平等各方面因素差异，金融业增加值占比也有差异。

根据 OECD 数据库，我们比较 1990—2016 年的新兴市场国家和 OECD 国家的金融业产出占 GDP 比重。选取的新兴市场国家和地区包括：[2] 巴西（BRA）、智利（CHL）、中国（CHN）、印度尼西亚（IDN）、印度（IND）、墨西哥（MEX）、俄罗斯（RUS）、土耳其（TUR）、南非（ZAF）。选取的 OECD 国家和地区包括：澳大利亚（AUS）、奥地利（AUT）、比利时

---

[1] Boyd J., Smith B. D. 1996., "The Co-evolution of the Real and Financial Sectors in the Growth Process," *World Bank Econ Rev*: 10 (2), pp. 371–396.

[2] 土耳其和墨西哥也是 OECD 国家，因 2015 年土耳其和墨西哥两国人均 GDP 分别为 9125.7 美元和 9005.0 美元，都低于 1 万美元，我们将这两个国家放在新兴市场国家中比较。

（BEL）、加拿大（CAN）、瑞士（CHE）、捷克（CZE）、德国（DEU）、丹麦（DNK）、欧元区（EMU）、西班牙（ESP）、爱沙尼亚（EST）、芬兰（FIN）、法国（FRA）、英国（GBR）、希腊（GRC）、匈牙利（HUN）、爱尔兰（IRL）、冰岛（ISL）、以色列（ISR）、意大利（ITA）、日本（JPN）、韩国（KOR）、卢森堡（LUX）、拉脱维亚（LVA）、荷兰（NLD）、挪威（NOR）、新西兰（NZL）、波兰（POL）、葡萄牙（PRT）、斯洛伐克（SVK）、斯洛文尼亚（SVN）、瑞典（SWE）、美国（USA）。

从新兴市场国家来看，从1990年以来，印度尼西亚、墨西哥、土耳其、俄罗斯属于金融业产出占比较低的国家，这4个国家的均值低于4%；而巴西、智利、中国、印度、南非的金融产出占比均值都超过5%，具体分别为7.4%、5.5%、5.6%、5.4%和7.8%，属于金融业产出占比较高的国家。中国和土耳其的标准差分别为1.28%和1.54%，表明其波动幅度高于其他新兴市场国家（见表5-1、图5-1）。

OECD国家中，金融业产出占比较高的是一些小国，比如卢森堡，1995—2016年卢森堡的金融业产出比均值为25.8%，主要原因是卢森堡为一小国，其经济规模较小，人口少，人均收入高，这些特点使得卢森堡不可与其他OECD国家做简单类比。其次为瑞士，在1990—1995年金融业产出占比的均值为10.6%，也属于此列。其他多数国家金融业产出占比为2.99%—8.5%。从标准差来看，冰岛、卢森堡、瑞士、爱尔兰和英国的标准差分别为2.6%、2.1%、1.6%、1.5%和1.2%；其他OECD国家的标准差低于1%。美国、日本、德国、法国和加拿大的标准差分别为0.5%、0.51%、0.42%、0.38%和0.29%，这些经济大国金融业产出占GDP的比重相对稳定，波动幅度较小（见表5-2、图5-2）。

表 5-1　　　　　　主要新兴市场国家金融业产出占比　　　　　　单位:%

	样本区间	样本数量	均值	标准差	最小值	25%	50%	75%	最大值
巴西	[1995, 2016]	22	7.37	1.17	5.99	6.51	7.13	7.8	10.54
智利	[1996, 2016]	21	5.52	0.36	4.56	5.32	5.51	5.69	6.28
中国	[1990, 2016]	27	5.62	1.14	3.99	4.89	5.33	6.23	8.39
印度尼西亚	[2010, 2016]	7	3.88	0.25	3.53	3.69	3.96	4.06	4.16
印度	[1990, 2016]	27	5.43	0.58	3.89	5.31	5.49	5.79	6.29
墨西哥	[2003, 2016]	14	3.51	0.35	2.83	3.38	3.54	3.74	3.99
俄罗斯	[2002, 2016]	15	3.55	0.5	2.59	3.25	3.63	3.9	4.4
土耳其	[1998, 2016]	19	3.91	1.54	2.4	2.9	3.35	4.08	7.85
南非	[1993, 2016]	24	7.78	1	5.96	7.19	8.06	8.46	9.65

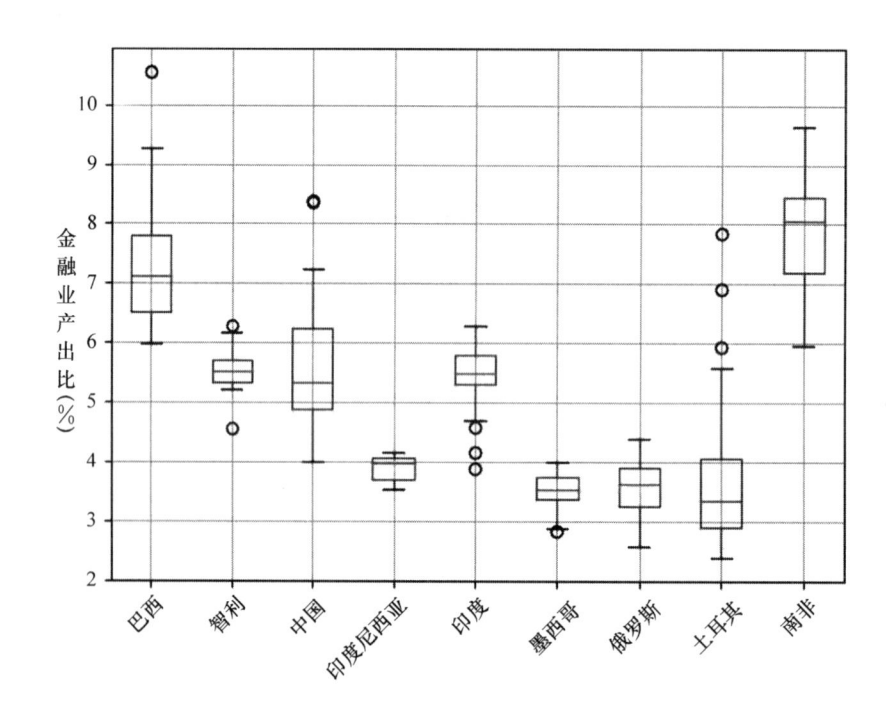

图 5-1　新兴市场国家金融业产出占 GDP 比重

注：将每组数据按经验概率分为四等份，得到四分位点 Q1 和 Q3，盒须图的盒子上下边分别为四分位 Q1 和 Q3，盒子长度为 Q3 - Q1，盒子中间的横线为中位数，盒子外面的须线是上下限，上限对应小于 Q3 + 1.5 × (Q3 - Q1) 的最大值，下限对应大于 Q1 - 1.5 × (Q3 - Q1) 的最小值，小圈表示超过上下限的异常值。

表5-2　　　　　OECD国家和地区金融业产出占比的比较　　　单位:%

	样本区间	样本数量	均值	标准差	最小值	25%	50%	75%	最大值
澳大利亚	[1990,2016]	27	8.17	0.9	5.68	7.85	8.24	8.74	9.51
奥地利	[1990,2016]	27	5.05	0.58	4.23	4.65	4.95	5.39	6.4
比利时	[1995,2016]	22	5.87	0.41	4.76	5.62	5.92	6.15	6.38
加拿大	[2007,2016]	10	7.03	0.29	6.55	6.85	7.1	7.18	7.45
瑞士	[1990,2015]	26	10.61	1.63	7.34	9.65	10.65	11.73	13.36
捷克	[1993,2016]	24	3.87	0.69	2.67	3.29	3.83	4.5	5.27
德国	[1991,2016]	26	4.69	0.42	3.93	4.38	4.72	4.98	5.43
丹麦	[1990,2016]	27	5.38	0.57	4.48	4.92	5.25	5.91	6.27
欧元区	[1995,2016]	22	4.93	0.15	4.69	4.79	4.93	5.05	5.2
西班牙	[1995,2016]	22	4.6	0.49	3.76	4.23	4.7	4.79	5.69
爱沙尼亚	[1995,2016]	22	3.88	0.61	2.79	3.74	3.91	4.07	5.43
芬兰	[1990,2016]	27	3.17	0.58	2.48	2.71	2.96	3.59	4.29
法国	[1990,2016]	27	4.12	0.38	3.57	3.81	4.02	4.48	4.77
英国	[1990,2016]	27	6.7	1.16	5.14	5.68	6.32	7.61	9.11
希腊	[1995,2016]	22	4.55	0.33	3.93	4.31	4.61	4.76	5.18
匈牙利	[1995,2016]	22	4.3	0.5	3.49	3.92	4.25	4.77	5.05
爱尔兰	[1995,2016]	22	8.45	1.46	6.06	7.39	8.59	9.7	11.25
冰岛	[1997,2015]	19	7.45	2.61	3.15	5.6	7.57	8.78	12.9
以色列	[1995,2015]	21	5.83	0.57	4.6	5.54	5.86	6.3	6.67
意大利	[1990,2016]	27	5.07	0.38	4.25	4.77	5.04	5.31	5.82
日本	[1990,2016]	27	5.17	0.51	4.48	4.85	5.01	5.63	6.07
韩国	[1990,2016]	27	6.08	0.52	5.15	5.61	6.24	6.42	7.21
卢森堡	[1995,2016]	22	25.75	2.05	21.09	24.03	26.21	26.74	29.64
拉脱维亚	[1995,2016]	22	4.1	0.75	3.2	3.57	3.9	4.48	5.65
荷兰	[1990,2016]	27	6.81	0.9	5.4	6.26	6.79	7.2	8.55
挪威	[1990,2016]	27	4.13	0.68	2.98	3.67	4.21	4.78	5.1
新西兰	[1990,2016]	27	5.28	0.59	4.34	4.84	5.27	5.62	6.34
波兰	[1995,2016]	22	3.92	0.52	2.45	3.77	4	4.21	4.69

续表

	样本区间	样本数量	均值	标准差	最小值	25%	50%	75%	最大值
葡萄牙	[1995, 2016]	22	6.34	0.78	5	5.86	6.27	6.61	8.1
斯洛伐克	[1995, 2016]	22	3.78	0.8	2.15	3.51	3.84	4.14	6.09
斯洛文尼亚	[1995, 2016]	22	4.61	0.48	3.87	4.29	4.52	4.84	5.44
瑞典	[1990, 2016]	27	4.44	0.66	3.56	4.02	4.28	4.63	6.3
美国	[1990, 2016]	27	7.02	0.5	5.97	6.67	7.15	7.35	7.83

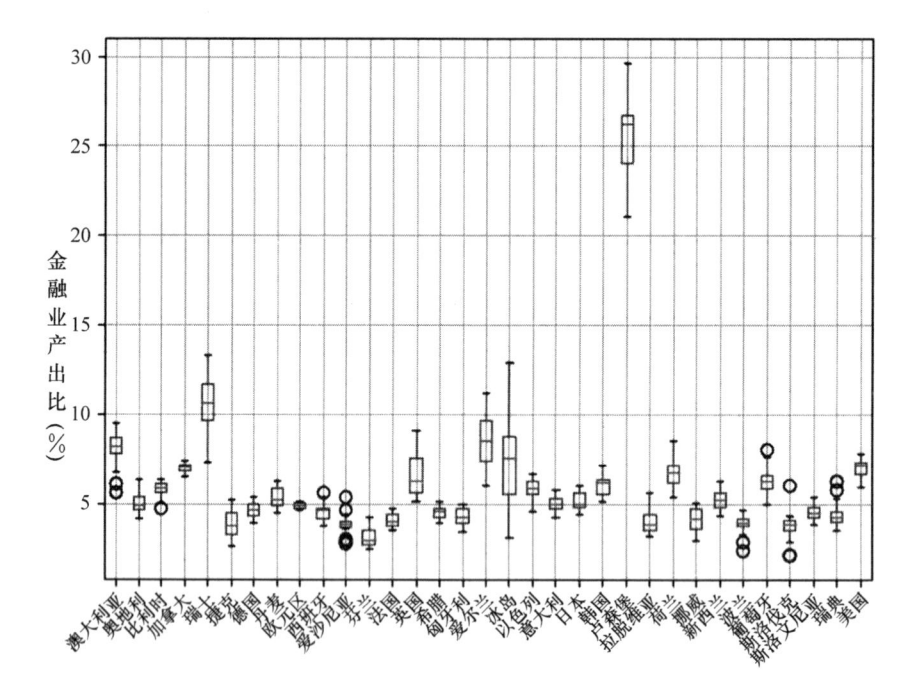

图 5-2　OECD 国家和地区金融业产出占 GDP 比重

注：图中形状示意图解释同图 5-1。

三　中国金融业增加值占比波动显著

与新兴市场国家和 OECD 国家及地区相比，1990—2016 年中国金融业产出占比的均值只有 5.6%，并不算高，但是中国金融业产出占比存在明显的波动（见图 5-3）。

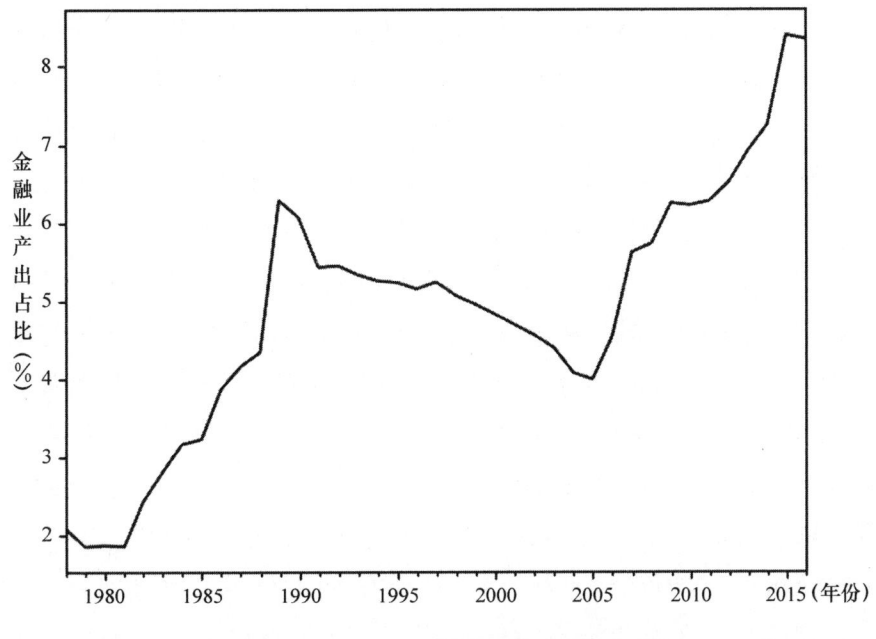

图 5-3　1978—2016 年中国金融业产出占比

经济结构的优化升级及由此引致的经济高速增长，是金融增长及金融深化程度加速提升的决定性因素。[①] 1979—2000 年，第二产业产值比重和第三产业产值比重显著影响中国金融深化的程度，第二产业产值比重或第三产业产值比重每提高 1 个百分点，可以分别带动金融资产总额与名义 GDP 之比提高 2.2 个和 1.73 个百分点。此外，经济的市场化改革对中国金融深化程度的加深起到了重要促进作用。1985—1990 年，经济体制改革由"有计划的社会主义商品经济"转向"政府调控市场、市场引导企业"，期间推出了金融、物价、税制等多项综合改革措施，利用外资和外向型经济进入起飞阶段，经济的市场化和货币化程度大大提高，1990 年中国金融业增加值占 GDP 的比重提高到了 6.1%。除了经济发展对于金融增长的作用之外，金融市场和金融机构本身

[①] 米建国、李建伟：《我国金融发展与经济增长关系的理论思考与实证分析》，《管理世界》2002 年第 4 期。

的运行情况也会影响金融业增长。1990—2005 年，中国金融业增加值占 GDP 的比重从 1990 年的 6.1% 持续下降，2005 年降至 4.0%，原因主要是银行业经营状况恶化，特别是不良贷款率上升。随着中国市场经济的逐步深化、城市化和房地产业飞速发展，加上 2008 年金融危机后扩张性的救市政策以及经济新常态下资金脱实向虚，金融业进入超常发展的态势。2006 年至今中国金融业增加值占国内生产总值的比重逐年提高，2015 年达到 8.4%（2016 年略降至 8.3%）。按照人均 GDP 与金融业增加值占 GDP 比重的关系比较，中国 2015 年的金融业增加值占比明显偏高（见图 5-4）。发达国家金融业增加值占国内生产总值的比重一般在 6% 左右，中国在 2009 年就已超过这一水平。2015 年美国金融业增加值占比为 7.1%，英国同期该比值为 6.4%，中国比美国高 1.3 个百分点、比英国高 2.0 个百分点，比德国和俄罗斯分别高出 4.5 个和 4.6 个百分点。

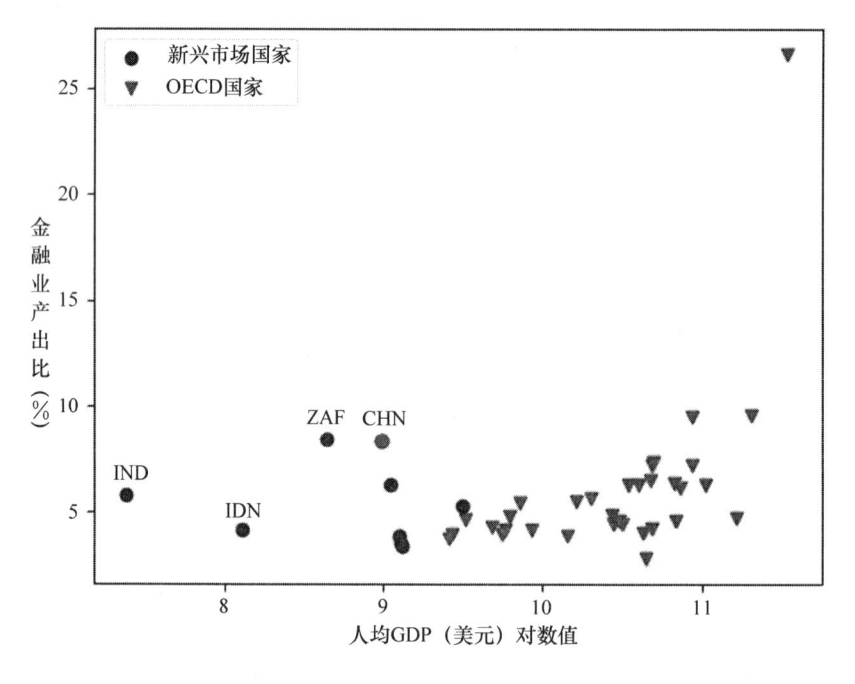

图 5-4 2015 年新兴市场国家与 OECD 国家金融业产出占比的比较

四 代表性国家金融业增长的历史

美国和英国是世界上金融业比较发达的国家,金融业经历过大发展也遭遇过金融危机,对英美两国金融业的历史发展进行整理对目前中国的金融业发展有重大借鉴意义。

(一) 美国金融业增长变化

美国金融业经历了三次增长和三次收缩(见图5-5)。在19世纪中期美国金融业占GDP比重为1.5%左右,第一次迅速增长是在1880—1900年,主要是由于铁路等基础设施建设和重工业的发展需要;第二次迅速壮大是在1918—1933年,主要得益于第二次工业革命电力的普及以及汽车和制药公司的发展,通用电气、通用汽车公司和宝洁公司在这段时间陆续向公众首次公开进行募股;第三次金融业大发展是在1980—2005年,主要是因为以IT技术为代表的第三次科技革命的来临,2006年金融业增加值占GDP比重达到7.6%的高峰。从美国的金融业发展史中可以看到,金融业比重在一段时间快速提升之后就会经历一轮下挫,这可能是经济泡沫急剧扩大后破裂的表现。美国1920—1930年金融业占比增长速度最快,1930年金融业占比大约比1920年翻了一番,但是其后占比又经历了断崖式下跌。1929年股市崩盘后,美国金融业经历了长达几十年的收缩,第二次世界大战后很长一段时间维持在4%左右,金融业占GDP比重在1947年一度跌至2.5%的低谷,直到20世纪80年代才重新恢复到1929年前在美国经济中所占的比重。2006年美国金融业占比达到了历史高点,预示着次贷泡沫达到高峰。金融危机爆发之后迅速下调,近年基本维持在7%左右。

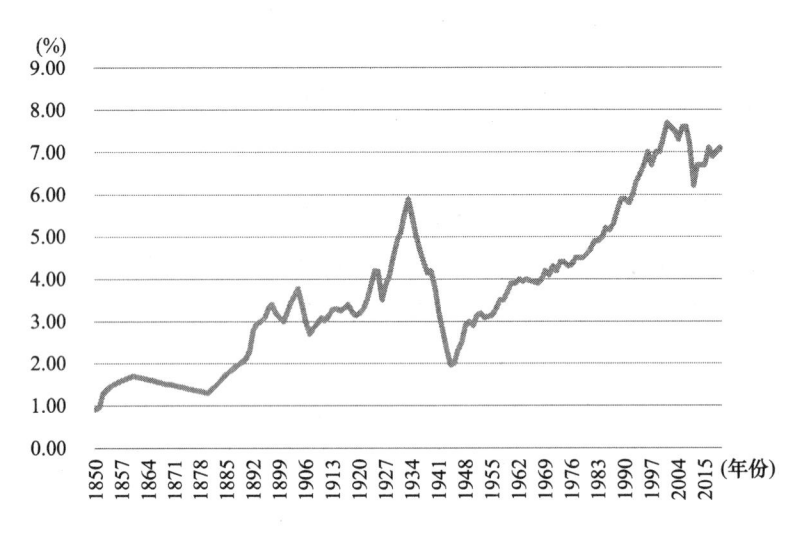

图 5-5　美国 1850—2015 年金融业占 GDP 比重

资料来源：1947—2015 年的数据来自美国经济分析局（BEA）的数据；由于 1950 年以前金融产业增加值无法获得，故 1900—1947 年采用 Kuznet（1941）和 Martin（1939）给出的金融业职工薪酬占比来代替金融业增加值占比。1850—1900 年采用《美国历史统计数据》和《美国普查数据》中 Philippon 和 Reshef（2007）给出的数据。

（二）英国金融业增长变化

在第一次世界大战之前，英国金融业增加值平均每年以 7.6% 的迅速扩张，远远大于 GDP 的增速，主要原因可能是基数小，股份制银行的发展以及英国建房基金会的成立激发了大量的金融需求，进而为金融业发展注入动力。1914—1970 年英国金融业发展速度显著放缓，金融业增加值增长速度低于 GDP 增速，主要是英国政府这段时间更严格的经济管制和对资本流动的严格限制造成的，此外这一时间金融产业进一步成熟发展，而不再是简单的规模增加，虽然金融业增长速度放缓，但是金融效率得到提升。英国金融深化的第二个阶段是 1997—2007 年，金融业增加值的增速超过了 6%。英国撒切尔夫人在 1979 年上台后对金融业进行改革，强调市场自由化和竞争化，实行资本自由流动。这些措施重振了英国经济，金融业也空前扩张，

2009年金融业增加值占GDP比重达到8.5%的峰值，比2001年增加了3.5个百分点。[①] 2008年美国次贷危机引发全球金融危机之后，英国金融业也受到重创，金融业增加值急剧下降，甚至出现负增长情况。由于经济复苏乏力，实体经济疲软，加上即将启动脱欧程序，英国金融业的未来发展情况不容乐观。

表5-3　英国1856—2015年金融业增加值和GDP平均增长速度　　单位：%

	英国金融业增加值平均增长速度	英国GDP平均增长速度
1856—1913	7.6	2
1914—1970	1.5	1.9
1971—1996	2.7	2.2
1997—2007	6.1	3
2008	5	-0.3
2009—2015	-4.6	1.6
1856—2015	4.1	2.1

资料来源：Feinstein（1972），Mitchell（1988），英国统计局（ONS）。1920年之前的数据包括南爱尔兰。

（三）印度金融业增长变化

印度与中国同是发展中国家，经历了经济改革也实现了经济的快速增长。值得关注的是，印度的金融业不只是规模扩大，金融效率也相应得到了一定的提升。印度的金融深化过程对当今中国的金融业发展尤其是金融效率的提高有一定借鉴作用。1947年以前印度的金融业虽然体系庞大，但不是独立的金融体系，印度独立后20世纪50年代和60年代独立的金融业发展起步，发展不稳定且缺乏政府监管，大量银行倒闭。70年代政府开始实行银行国有化以扶持金融发展，但由于政府的管制印度经历了20多年的金融抑制时期。1991年印度政府进行金融体系

[①] 根据英国统计局数据计算。

市场化改革之后，印度各类金融资产规模、金融结构发生了很大改变，利率管制放松，银行逐渐从公共部门剥离，私营银行数量不断攀升，公共部门的银行效率得到了提升，金融自由度不断上升，金融相关比率和国民经济发展的货币化程度逐步提高。印度目前有近5000家金融机构、23个股票市场、超过1万家上市公司。印度银行的商业贷款中，有约35%贷给国有企业，其他65%都是贷给私人、家庭和私营企业。此外，由于印度银行体系和整个非银行金融体系包括资本市场的私有化程度比较高，因此印度银行贷款往往流向那些能带来更高回报的私有企业、呆坏账比率比较低的私有企业。[①] 图5-6和表5-4可以看出印度金融业在金融改革初虽然经历了一个阵痛期，但金融效率在2000年之后获得很大提高。印度银行的资本充足率和资产质量也得到很大改善，不良贷款率从1996年的15.7%下降到2009年的2.4%。

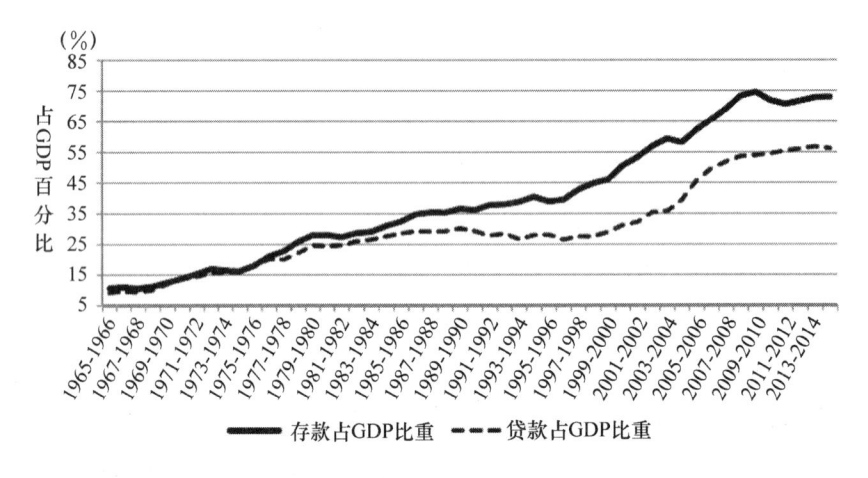

图5-6 印度银行存款和总贷款占GDP的比重

资料来源：《印度经济统计数据手册》，Reserve Bank of India（RBI）。

---

① 陈志武：《中印比较的结论下得太早》，http://business.sohu.com/20060425/n242972083.html。

表 5-4　　　　　　　　印度商业银行效率指标

	存贷比（贷款余额/存款余额）	投资存款比（投资额/存款余额）	资产收益率（%）
1980	63.32	31.50	—
1990	61.64	33.58	0.39
2000	49.26	45.97	1.28
2010	73.66	36.42	1.05
2015	78.31	33.59	0.81

资料来源：Reserve Bank of India（RBI）。

五　金融业增加值占比差异的原因

（一）金融增加值占比纵向变化的原因

一个国家在不同发展阶段其金融产业增加值占 GDP 的比重是不断变化的。影响一国金融业增加值占 GDP 比重变化的因素主要有以下几点。一是该国整体经济运行情况和技术创新。美国的工业化阶段正是美国金融体系发展最为迅速的时期。美国由于 20 世纪初大规模兴建铁路和 20 年代的电力普及，金融业在 20 世纪曾出现过几次井喷式的增长。在 1929 年股市崩盘后，金融业经历了长达几十年的收缩，直到 80 年代才重新恢复到 1929 年前在美国经济中所占的比重。在 2000 年结束的信息技术繁荣周期中，金融业占 GDP 的比重也相应持续增长。二是政府营造的宽松金融环境和政府强烈的金融刺激政策。历史上看，金融业比重过高通常是经济失速后政府通过金融手段强力刺激的结果，或者是经济泡沫急剧扩大的表现。英国 20 世纪 80 年代开始强调金融市场自由化和竞争化，金融业快速扩张，2009 年达到峰值。而日本在 1994 年达到高点 9.6%，随后面临长达 20 年的资产负债表衰退，其金融业增加值占 GDP 比重也一直直线下降。三是杠杆率快速上升，实体经济投资回报率下降。在

2008年金融危机前的4年间美国企业经历了较长时期的加杠杆过程，但杠杆资金大部分流向了房地产与金融市场，金融出现过度繁荣趋势。2006年美国金融业占其GDP的7.6%，达到了历史高点，预示着次贷泡沫达到高峰，美国总体杠杆率在金融危机爆发之前达到369%。金融危机爆发之后迅速下调，近年基本维持在7%左右。[①] 强力刺激下金融业的繁荣反而容易使货币"脱实向虚"，实体经济难以收益。四是发展中国家金融自由化的促进作用。印度在1991年进行金融体系市场化改革之后，印度各类金融资产规模、金融结构发生了很大改变，利率管制放松，私营银行数量不断攀升，公共部门的银行效率得到了提升，金融自由度不断上升，金融相关比率和国民经济发展的货币化程度逐步提高。2010年以来印度金融改革效果显现，金融产业增加值占GDP比重达到4.8%—4.9%。[②]

（二）金融增加值占比横向差异的原因

从横向比较来看，受资源禀赋、经济发展模式、经济结构、发展阶段、金融制度等诸多因素影响，各国的金融深化程度不同。一般来说，多数发展中国家金融业增加值占比低于发达国家；部分开放城市型经济体的金融业增加值占比较高，比如卢森堡金融业增加值占比为25.35%。具体来说，各国金融业增加值占GDP比重存在差距主要受以下因素影响。

一是经济发展水平和发展阶段。由于不同国家经济运行状况和经济发展水平有很大差距，即不同国家的现代化程度不同，现代化程度高的国家一般服务业占GDP的比重较高，这种国家各种设施比较健全，信息更加发达，金融业也更加发达，金融业在国家经济生活中的作用也相应更大。

二是国家的经济金融制度。基于金融抑制和金融深化理论，

[①] 根据美国经济分析局数据计算。
[②] 根据印度国家统计局数据计算。

政府在金融市场中的干预作用、干预方式和干预力度会影响一国的金融业增长情况。① 在利率政策方面，存贷款利差越大，金融相关比越小，利率市场化程度越高的国家其金融增加值占GDP比重越高。信贷配给制度如央行的法定存款准备金率等，由于直接控制金融资源分配，它对于一国金融产业的影响也很大。这些政策通过间接贷款占比、银行存贷款比率等影响一国金融业增加值占GDP的比重。②

三是国际化与专业化水平。规模较小的经济体往往无法建立完整的产业部门体系，而是在地区经济中发展专业较强的经济部门，导致这些产业增加值占比较高。如卢森堡、瑞士、新加坡等专门提供专业化金融服务；马来西亚是全球伊斯兰金融的中心市场，其金融业增加值占比相应较高。

四是国家的城镇化水平。城镇化过程也就是人口就业结构和经济产业结构的转化过程。城镇化可以拉动城市公共事业建设投资和房地产投资，促进服务消费，推动以商贸、餐饮、旅游等为主的消费型服务业和以金融、保险、物流等为主要内容的生产型服务业发展。从国际经验来看，城镇化建设需要大量的资金投入，同时也会创造新的金融需求，城镇化水平高的国家，其金融业发展程度一般会更高。

五是法律制度是否完善。在强调产权、支持契约及保护投资者权利的地区，投资者更愿意为企业融资，因而该地区的金融市场也就比较活跃，反之，金融发展就受到很大的抑制。③ 金融业增加值占比较高的经济体中实行普通法者较多，如大型经济体中的美国和英国、小型经济体中的新加坡、新兴经济体中

---

① 方洁：《金融抑制、金融深化、金融约束——发展中国家金融政策制定中政府职能作用的演变与启示》，《福建论坛》（经济社会版）2000年第8期。

② 黄云婷：《制度因素与金融深化：基于发展中国家面板数据的实证研究》，《对外经贸》2014年第6期。

③ 尹兴中、盛朝晖：《金融业增加值占比国际比较及启示》，《金融时报》2012年10月22日。

的马来西亚和南非，都具有较高的金融业增加值占比。

六是金融行业交易成本。金融业本质上是将经济中各个部门的储蓄配置给资金需求方做投资之用的中介，其增加值的高低，不仅反映出经济中对金融资产的需求，也反映了金融服务费用的水平。Calomiris 在对比德国和美国中指出，[①] 交易成本受金融机构组织形式的影响，美国模式的商业银行股权结构分散，坚持股东利益至上；而德国银行股权相对集中，采用利益相关者模式，较为重视政府的作用和社会整体利益的实现。这就导致了企业融资成本不同：德国的融资成本较低，促进了资本高度密集的工业体系发展，相比之下金融业增加值占 GDP 比重较低，2000 年以来在 4%—5%；而美国过高的融资成本阻碍了工业潜在增长，从某种程度上使其制造业增加值在全球的占比不断下降，服务业比重高于制造业，其中金融业增加值占 GDP 的比重远高于欧洲的德国、法国等。

六　中国金融发展需要提高质量和效率

西方学者提出的金融发展理论、金融结构论、金融深化论和金融约束论等都蕴含金融效率的含义，但是对金融效率均没有给出明确的定义。中国学术界对金融效率这个概念也没有形成统一的认识。综合众多学者对于金融业效率含义的观点，金融效率是一国金融资源的配置状态，具体就是金融资源投入对金融产业的产出效果以及对整个国民经济运行结果的影响。它主要包括两层含义：微观金融效率和宏观金融效率。微观金融效率指金融机构的投入产出率；宏观金融效率本质上是优化问

---

① Calomiris, Charles W. The Costs of Rejecting Universal Banking: American Finance in the German Mirror, 1870 – 1914, in Coordination and Information: Historical Perspectives on the Organization of Enterprise. Eds.: Naomi R. Lamoreaux and Daniel M. G. Faff. Chicago: U. of Chicago Press, 1995, pp. 257 – 321.

题，指金融市场融通金融资源的能力以及金融机构和金融市场对整个国民经济发展的作用能力。对于一个国家来说，微观金融效率和宏观金融效率相互作用，而宏观金融效率更加重要。

现有研究表明，金融业占GDP比重和金融业效率之间没有显著的相关关系，一国金融业占比增加并不一定说明该国金融效率提高。相反，通过与发达国家的指标进行对比，可以看出中国虽然金融业增加值占比已经超过美国、英国等，金融深化程度取得了长足进步，但是金融业增加值的质量并不高，金融业效率较低。已有的研究指出，中国的金融发展对经济增长的促进作用主要是通过金融资产的扩张实现的，而不是通过提高金融资源配置效率来实现的。[①]

对比来说，中国金融业存在效率不高的问题。从宏观金融效率来看，一是中国储蓄率持续增加，融资结构严重失衡。中国的储蓄率在世界上一直处于较高水平，2015年人均储蓄率达到46%，居全球第三，这从侧面反映了间接融资的比重仍占绝对优势，直接融资比重偏小，融资结构不平衡。美国直接融资比例已经超过80%，G20国家也基本在60%—70%，但中国2015年直接融资比重为24%，与发达国家有很大差距。二是储蓄转投资效率低。通过计算，中国近30年储蓄投资转化率为65.1%，而日本为91%，美国为75%，一般发达国家也在60%—70%。[②] 造成效率较低的原因主要是中国金融业交易费用高，部分资金在金融体系内部传递链条多，滞留时间长。近年来出现了层层嵌套的资管产品，复杂交易链条上的各类主体通过层层收费、雁过拔毛实现多重套利，追逐利润，这也是导致中国金融业增加值占比高但质量不高的原因。三是投资总量不

[①] 曹啸、吴军：《我国金融发展与经济增长关系的格兰杰检验和特征分析》，《财贸经济》2002年第5期。
[②] 张文文：《我国储蓄投资转化率的实证研究》，吉林财经大学学位论文，2016年。

断增大，投资效率不断下降。2008年国际金融危机之后，中国信贷资源更多流向效率较低的行业和部门，导致贷款对经济的拉动力下降。2003—2007年，中国贷款的经济增长弹性为1.25，即人民币贷款增速提高1个百分点，名义GDP增速提高1.25个百分点。2008—2015年，中国贷款的经济增长弹性仅为0.73，即人民币贷款增速提高1个百分点，名义GDP增速提高0.73个百分点。尤其是近两年，贷款的经济增长弹性持续下行，2015年仅为0.45，比上年下降0.15。[①]

从微观金融效率来看，由于中国银行是金融机构的主体，银行业贡献了约七成的金融业增加值，所以微观金融方面银行业效率低是主要原因。一是中国银行业低效率部门贷款需求高，占用金融资源较多。近年来中国利率不敏感行业如基础设施投资和房地产投资占比高、增长快，对贷款需求高。2004年以来，中国基础设施行业投资占比和房地产业投资两者合计接近固定资产投资的一半。从资金来源看，基建、房地产等行业贷款占比较高，分别为18.4%和15.5%（2014年），均高于全行业平均贷款占比。而这两个行业的增加值占比远低于其他行业，基础设施行业和房地产业增加值占GDP的比重分别仅为8.3%和6.0%。而美国由于商业银行经营中间业务占比较高，对贷款依赖度相对较低，贷款投放相对谨慎，资金的使用效率较高。二是银行净利润增速大幅下降、不良贷款率攀升。中国商业银行不良贷款率近年来持续上升，从2012年末的0.95%逐渐上升至2016年末的1.81%。虽然不良贷款率尚处于国际低位，但是需警惕经济下行压力下僵尸企业出清过程中银行不良贷款难以回收的问题。三是资本市场有效性仍需加强。目前中国资本市场可以说呈现出比较明显的弱有效性：市场运行信息质量差、不透明、缺乏连续性，接受外部信息的灵敏度不高，政策反应时

---

① 根据Wind数据计算。

滞较大，运行的可控程度不高，约束机制薄弱，股票、债券市场没有充分发挥其融资功能。

　　总之，中国的金融发展表现为数量扩张的粗放型发展特征，金融增长在很大程度上是依靠金融数量的快速扩张，所以中国目前金融业增加值虽然迅速上升，但配置金融资源的效率较低，对实体经济拉动能力不足。新兴市场经济国家，像拉美和东南亚国家在金融效率方面有着深刻的教训，金融规模的扩张绝不能以牺牲效率为代价。从目前来看，把中国金融市场的中间环节打掉，会释放更多活力，也能更好地支撑实体经济的发展。政府在提高金融市场效率方面可以发挥有效的作用，这也正是当代行为金融和制度经济学的政策含义。政府不仅可以在市场监管方面有所作为，更要在宏观经济政策上发挥作用。

附录 金融业的统计口径及其增加值核算[*]

金融业增加值是一个统计概念，包括现价增加值和不变价增加值；按统计时段划分，又可以分为季度增加值和年度增加值。理解金融业的增加值核算问题，首先需要明确金融业的统计口径，其次需要理解增加值的核算方法及其与相关会计科目的关系。

一 金融业的统计口径

（一）中国国民经济行业分类中的金融业

1984年，中国首次发布《国民经济行业分类》国家标准，此后分别于1994年、2002年和2011年进行了三次修订。2011年修订后的标准（GB/T 4754-2011）由国家统计局起草，国家质量监督检验检疫总局、国家标准化管理委员会批准发布，并于2011年11月1日实施。该修订除参照2008年联合国新修订的《国际标准行业分类》修订四版（ISIC 4.0）外，主要依据中国近年来经济发展状况和趋势，对门类、大类、中类、小类做了调整和修改。

1. 1994年修订后的标准为"GB/T4754-1994"（简称"GB-1994"）

其中用I表示金融业门类，名称为"金融、保险业"，下设

---

[*] 本附录作者为王朝阳。

金融业（I68）和保险业（I70）两个大类。I68又细分为中央银行、商业银行、其他银行、信用合作社、信托投资业和证券经纪与交易6个中类和小类，以及其他非银行金融业中类，该中类再细分为财务公司、融资租赁公司、典当业和其他类非银行金融业4个小类；I70保险业没有进一步细分。

2. 2002年修订后的标准为"GB/T4754-2002"（简称"GB-2002"）

其中用J表示金融业门类，名称为"金融业"，下设银行业（J68）、证券业（J69）、保险业（J70）和其他金融活动（J71）4个大类，并进一步细分为16个中类和16个小类。

具体来说，(1) GB-2002中J68银行业、J69证券业和J71其他金融活动3个大类是在GB-1994中I68金融业大类的基础上进行了拆分和细分，J70保险业是在"GB-1994"中I70保险业大类的基础上进行了细分；(2) GB-2002对商业银行的范围进行了修改，新增加了股份制银行，并将信用合作社纳入商业银行范畴；(3) GB-2002中的金融业在GB-1994的基础上新增了证券市场管理、证券投资、证券分析与咨询、保险辅助服务和邮政储蓄等活动（见表1）。

表1　　　　　　　　GB/T4754-2002中的金融业分类

门类	大类	中类	小类	类别	说明
J				金融业	本类包括68—71大类
	68			银行业	
		681	6810	中央银行	指代表政府管理金融活动，并制定和执行货币政策的特殊金融机构的活动
		682	6820	商业银行	指国有独资商业银行、股份制银行、城市商业银行、城市信用社、农村信用社等的活动
		689	6890	其他银行	指政策性银行的活动
	69			证券业	指对股票、债券、期货及其他有价证券的投资交易活动

续表

门类	大类	中类	小类	类别	说明
		691	6910	证券市场管理	指证券、期货市场的管理和监督活动
		692	6920	证券经纪与交易	指证券、期货经纪代理人的代理交易活动；证券、基金的管理等活动；证券营业部的管理活动
		693	6930	证券投资	指在证券市场从事股票、基金、债券、期货及其他有价证券的投资等活动
		694	6940	证券分析与咨询	
	70			保险业	
		701	7010	人寿保险	指主要提供养老等人寿保险和再保险的活动
		702	7020	非人寿保险	指主要提供除人寿险以外的保险活动和再保险活动
		703	7030	保险辅助服务	指保险代理、评估、监督、咨询等活动
	71			其他金融活动	指银行、证券、保险以外的金融活动
		711	7110	金融信托与管理	指代理资金、财产的信托、管理活动，以及基金的托管人活动
		712	7120	金融租赁	
		713	7130	财务公司	指经人民银行批准，为企业融资服务的金融活动
		714	7140	邮政储蓄	
		715	7150	典当	指以实物质押的放款活动
		719	7190	其他未列明的金融活动	指上述未列明的金融活动

资料来源：国家统计局。

3. 2011年修订后的标准为"GB/T4754－2011"（简称"GB－2011"）

这次修订对GB－2002中金融业的分类做了非常大的调整。

GB-2011中用J表示金融业门类,名称为"金融业",下设货币金融服务(J66)、资本市场服务(J67)、保险业(J68)和其他金融业(J69)4个大类,包括21个中类和29个小类,较GB-2002增加了5个种类和13个小类。

具体来说,(1)GB-2011中J66包括GB-2002中J68银行业大类下的所有机构和J71其他金融活动大类下的金融租赁服务、财务公司、典当、小额贷款公司等非货币银行服务,并新增加了银行监管服务;由于2007年3月中国邮政储蓄银行挂牌成立,GB-2011中不再单独将"邮政储蓄"作为一个中类或小类,而将其纳入货币银行服务小类中。(2)GB-2011中的J67在GB-2002中J69证券业的基础上进行了细分,分为5个中类;将证券市场和期货市场分离,并将证券期货监管服务从GB-2002中的证券市场管理服务中区分出来,独立成一个中类和小类。(3)GB-2011中的证券经纪交易服务的含义发生了变化,新增了证券承销与保荐和融资融券等业务。(4)GB-2011中的J68保险业在GB-2002中J70保险业的基础上进行了细分。(5)与GB-2002中的J71其他金融活动相比,GB-2011中的J69其他金融业也有较大变动(见表2)。

表2　　　　　　　　GB/4754-2011中的金融业分类

门类	大类	中类	小类	类别	说明
J				金融业	本门类包括66—69大类
	66			货币金融服务	
		661	6610	中央银行服务	指代表政府管理金融活动,并制定和执行货币政策,维护金融稳定,管理金融市场的特殊金融机构的活动
		662	6620	货币银行服务	指除中央银行以外的各类银行所从事存款、贷款和信用卡等货币媒介活动,还包括在中国开展货币业务的外资银行及分支机构的活动

续表

门类	大类	中类	小类	类别	说明
		663		非货币银行服务	指主要与非货币媒介机构以各种方式发放贷款有关的金融服务
			6631	金融租赁服务	指经中国人民银行批准以经营融资租赁业务为主的非银行金融机构的活动
			6632	财务公司	指经中国人民银行批准，为企业融资提供的金融活动
			6633	典当	指以实物、财产权利质押或抵押的放款活动
			6639	其他非货币银行服务	指上述未包括的从事融资、抵押等非货币银行的服务，包括小额贷款公司、农村合作基金会等融资活动，以及各种消费信贷、国际贸易融资、公积金房屋信贷、抵押顾问和经纪人的活动
		664	6640	银行监管服务	指代表政府管理银行业活动，制定并发布对银行业金融机构及其业务活动监督管理的规章、规则
	67			资本市场服务	
		671		证券市场服务	
			6711	证券市场管理服务	指非政府机关进行的证券市场经营和监管，包括证券交易所、登记结算机构的活动
			6712	证券经纪交易服务	指在金融市场上代他人进行交易、代理发行证券和其他有关活动，包括证券经纪、证券承销与保荐、融资融券业务、客户资产管理业务等活动
			6713	基金管理服务	指在收费或合同基础上为个人、企业及其他客户进行的资产组合和基金管理活动，包括证券投资基金、企业年金、社保基金、专户理财、国内资本境外投资管理（QDII）等活动
		672		期货市场服务	
			6721	期货市场管理服务	指非政府机关进行的期货市场经营和监管，包括商品期货交易所、金融期货交易所、期货保证金监控中心的活动

续表

门类	大类	中类	小类	类别	说明
			6729	其他期货市场服务	指商品合约经纪及其他未列明的期货市场的服务
		673	6730	证券期货监管服务	指由政府或行业自律组织进行的对证券期货市场的监管活动
		674	6740	资本投资服务	指经批准的证券投资机构的自营投资、直接投资活动，以及风险投资和其他投资活动
		679	6790	其他资本市场服务	指投资咨询服务、财务咨询服务、资信评级服务，以及其他未列明的资本市场的服务
	68			保险业	
		681		人身保险	指以人的寿命和身体为保险标的的保险活动，包括人寿保险、健康保险和意外伤害保险
			6811	人寿保险	指普通寿险、分红寿险、万能寿险、投资连结保险等活动（不论是否带有实质性的储蓄成分）
			6812	健康和意外保险	指疾病保险、医疗保险、失能收入损失保险、护理保险以及意外伤害保险的活动
		682	6820	财产保险	指除人身保险外的保险活动，包括财产损失保险、责任保险、信用保险、保证保险等
		683	6830	再保险	指承担与其他保险公司承保的现有保单相关的所有或部分风险的活动
		684	6840	养老金	指专为单位雇员或成员提供退休金补贴而设立的法定实体的活动（如基金、计划和/或项目等），包括养老金定额补贴计划以及完全根据成员贡献确定补贴数额的个人养老金计划等
		685	6850	保险经纪与代理服务	指保险代理人和经纪人进行的年金、保单和分保单的销售、谈判或促合活动
		686	6860	保险监管服务	指根据国务院授权及相关法律、法规规定所履行的对保险市场的监督、管理活动
		689		其他保险活动	

续表

门类	大类	中类	小类	类别	说明
			6891	风险和损失评估	指保险标的或保险事故的评估、鉴定、勘验、估损或理算等活动，包括索赔处理、风险评估、风险和损失核定、海损理算和损失理算，以及保险理赔等活动
			6899	其他未列明保险活动	指与保险和养老金相关或密切相关的活动（理赔和保险代理人、经纪人的活动除外）；包括救助管理、保险精算等活动
		69		其他金融业	
			691 6910	金融信托与管理服务	指根据委托书、遗嘱或代理协议代表受益人管理的信托基金、房地产账户或代理账户等活动，还包括单位投资信托管理
			692 6920	控股公司服务	指通过一定比例股份，控制某个公司或多个公司的集团，控股公司仅控制股权，不直接参与经营管理，以及其他类似的活动
			693 6930	非金融机构支付服务	指非金融机构在收付款人之间作为中介机构提供下列部分或全部货币资金转移服务，包括网络支付、预付卡的发行与受理、银行卡收单及中国人民银行确定的其他支付等服务
			694 6940	金融信息服务	指向从事金融分析、金融交易、金融决策或者其他金融活动的用户提供可能影响金融市场的信息（或者金融数据）的服务
			699 6990	其他未列明金融业	指主要与除提供贷款以外的资金分配有关的其他金融媒介活动，包括保理活动、掉期、期权和其他套期保值安排、保单贴现公司的活动、金融资产的管理、金融交易处理与结算等活动，还包括信用卡交易的处理与结算、外币兑换等活动

资料来源：国家统计局。

（二）国际标准产业分类体系中的金融业

国际标准产业分类体系（ISIC）是国际上较有影响力的产业分类体系之一。为了给各国提供一个产业分类体系框架，使各国数据具有可比性，联合国统计委员会于 1948 年颁布了 ISIC

初稿，并经过多次修改，分别推出了 ISIC1.0 版、ISIC2.0 版、ISIC3.0 版、ISIC3.1 版和 ISIC4.0 版。ISIC1.0 版和 ISIC2.0 版对金融业的分类较为粗糙。从 ISIC3.0 版开始，金融业被提升至 ISIC 的最顶层，成为一个门类，中国 GB-2002 就是派生于 ISIC3.0 版。ISIC3.1 版中金融业分类在 ISIC3.0 版的基础上做了较小的调整。

2008 年发布的 ISIC 4.0 版本在 ISIC3.1 版本的基础上做了较大的调整。联合国秘书处在出版前言中认为，"与前一个修订本相比，在结构上更为具体详细，适合众多新兴行业的需要。这一点在服务行业中尤为突出，而且通过引入全新的高级分类，使分类的关联性更强了，因而能够更好地反映当前的经济现象"。在 ISIC 4.0 中，金融业是门类 K，被命名为"金融和保险活动"，分为三大类，一是金融服务活动（保险和养恤金除外），二是保险、再保险和养恤金（强制性社会保障除外），三是金融服务及保险活动的辅助活动（见表3）。

表3　　　　　　国际标准产业分类（ISIC 4.0）中的金融业

大类	中类	小类
金融服务活动，保险和养恤金除外	货币媒介活动	中央银行业务
		其他货币媒介活动
		控股公司的活动
	其他金融服务活动，保险和养恤金除外	信托机构、基金和类似的金融实体
		金融租赁
		其他信贷活动
		未另分类的其他金融服务活动，保险和养恤金除外
保险、再保险和养恤金，强制性社会保障除外	保险	人寿保险
		非人寿保险
		再保险
		养恤金

续表

大类	中类	小类
金融服务及保险活动的辅助活动	金融服务的辅助活动，保险和养恤金除外	金融市场的管理
		证券和商品合约经纪
		未另分类的金融服务活动的辅助活动
	保险和养恤金的辅助活动	风险和损失评估
		保险代理人和经纪人活动
		其他保险和养恤金的辅助活动
		基金管理活动

资料来源：联合国网站，转引自徐国祥、刘新姬《我国金融业分类及其季度增加值计算研究》，《统计研究》2012 年第 10 期。

二 金融业增加值核算的 SNA 方法[①]

国民经济核算体系（SNA）是一套基于经济学原理、按照有关核算规则进行经济活动测度的国际公认标准，它能详细而全面地记录一个经济体内发生的复杂经济活动，并以凝缩的方式提供有关经济运行的详尽信息。2009 年 12 月，联合国、欧盟、国际货币基金组织（IMF）、经济合作与发展组织（OECD）、世界银行等联合颁布了 2008SNA。为了不影响 SNA 实施过程的稳定性，SNA 的更新工作确定了一个基本原则：不能对 SNA1993 有根本性的或全面的改变。因此，作为宏观经济核算国际标准的最新修订版本，2008SNA 保持了 1993SNA 的基本框架，但为了更好地反映 SNA1993 实施以来的经济形势变化，吸纳统计业务和研究的新进展，2008SNA 在许多方面做了修订，几乎所有部分都引入了新的内容，关键变化集中体现在资产、

[①] 本部分内容的详细介绍可以参见宋旭光《国民经济核算更新方案：潜在影响及其应对》，《财贸经济》2013 年第 12 期；陈梦根《2008SNA 对金融核算的发展及尚存议题分析》，《财贸经济》2011 年第 11 期。

金融部门、全球化及相关问题、一般政府和公共部门、非正规部门五大领域，金融核算是其中重点之一。

2008SNA 对金融核算的发展可归纳为五个方面：概念的规范、分类的完善、产出估算方法的发展、特定项目处理的澄清，以及其他发展，有关金融核算的规则和账户/表式体系基本上没有大的变化。

（一）概念的规范

一是扩大了金融服务的定义。2008SNA 对金融服务的定义比 1993SNA 更为明确，金融服务由金融机构生产，是金融中介、金融风险管理、流动性转换或辅助金融活动的结果，包括监管服务、便利性服务、流动性提供、风险承担、承销和交易服务，将金融风险管理和流动性转换涵盖在内，并对隐性和显性金融服务的区分给出了指南。二是修订了货币黄金的定义。2008SNA 将货币黄金定义为货币当局拥有所有权、作为储备资产的黄金，包括黄金和非居民持有的未分配黄金账户，而 1993SNA 没有讨论分配和未分配黄金账户。

（二）分类的完善

一是金融资产分类，一级分类由原来的七类变成八类，增加了金融衍生产品和职工股票期权类别。二是金融公司部门的次级部门划分，2008SNA 将金融公司部门划分为 9 个次级部门：中央银行、中央银行之外的存款公司、货币市场基金、非货币市场基金投资基金、保险公司和养老基金之外的其他金融中介、金融辅助单位、控制性金融机构和贷款机构、保险公司、养老基金。三是控股公司的分类，2008SNA 将控股公司[①]划入金融公司部门，视为控制性金融机构（即使其下属公司都是非金融公

[①] 根据《所有经济活动的国际标准产业分类（ISIC）》修订第 4 版的定义，控股公司为持有下属公司资产但不承担管理活动的企业。

司)。四是金融租赁和经营租赁的区分标准,2008SNA 提出按承租人是否为该资产的经济所有权人来区分。

(三) 产出估算方法的发展

一是改进了计算金融中介服务产出的间接测算方法(FISIM)。1993SNA 将间接计算的金融中介服务的价值按财产收入与利息支出之差来计算,等于金融中介机构应收的财产收入减去其应付的利息,但扣除自有资金投资所获得的财产收入。2008SNA 修订后的 FISIM 公式为:间接计算的金融中介服务总产出 =(贷款利率 – 参考利率)× 贷款额 +(参考利率 – 存款利率)× 存款额。二是澄清了中央银行服务的估算方法。2008SNA 将中央银行服务区分为金融中介服务、货币政策服务和对金融公司的监管服务三类,若这些活动在核算上显著,则将中央银行单位区分不同机构分别承担这些服务的生产,以便区分哪些服务属于市场活动,哪些属于非市场活动,分别核算其产出。三是改进了非人寿保险服务的估算方法。2008SNA 建议非人寿保险服务产出应采用调整的赔付额和调整的追加保费额来计算,并推荐了预期法、会计法和成本法三种估算方法。

(四) 特定项目处理的澄清

具体包括养老金权益、未上市权益、再保险、证券回购协议、职工股票期权、不良贷款、担保、指数联接债务证券、外币联接债务工具、特别提款权(SDR)、证券借出和黄金贷款的费用、未分配黄金账户等内容。

(五) 其他发展

2008SNA 在其他方面的一些调整也将对金融核算产生影响,主要有:(1) 引入经济所有权变化的概念,重新修订资产的定义和分类,修订后的资产定义涵盖了风险、可显示价值和结构负债。(2) 对个人拥有多个国际常住地分别作短期居住时其常住地处理问题给出指南，明确个人变更常住国不改变其拥有的非金融资产、金融资产和负债的所有权，但要求对（经济）所有权人常住地重新划分，有关变化计入资产账户物量其他变化，而非资本转移，1993SNA 没有对个人常住地变化引起的货物流动和金融账户变化提供专门的核算指南。(3) 明确证券化工具（Securitization Vehicles）为一种特殊目的实体（Special Purpose Entities, SPE），在机构部门分类时归入"控制性金融机构"。

三 中国金融业增加值的核算方法

金融业增加值是从事金融中介服务及相关金融附属活动新创造的价值，是一定时期内金融业生产经营活动最终成果的反映。中国金融业核算方法是随着国民经济核算体系的演进而逐步完善的。20世纪50年代初，中国按照 MPS 模式建立了国民经济核算体系，80年代开始由 MPS 向 SNA 转型，并于 1985 年开始核算国民生产总值，1993 年完全按照 SNA 模式进行国民经济核算。这一时期，中国的国民经济核算制度一直处于调整和接轨的过程中。在 2004 年和 2008 年实施经济普查时，又进行两次重要调整，特别是后一次，结合 2008 年版 SNA，国家统计局从多方面对核算体系进行了修订，中国金融业核算方法就概念体系而言已基本实现了与国际通行方法的接轨。

（一）年度 GDP 增加值的核算

金融业增加值核算方法可分生产法和收入法两种，生产法是通过金融各行业总产出减去中间投入得到增加值，由于总产出及中间投入核算较为复杂，且数据可得性及时效性不太理想，目前生产法核算都是通过增加值倒推中间投入，并计算增加值率。生产法则用于倒推计算金融业中间投入量和计算金融业增加值率。收入法是从生产过程创造收入的角度，根据生产要素在生产过程中应得的收入份额反映最终成果的一种核算方法。金融业增加值年度核算以收入法为准，其计算公式为：

金融业增加值＝劳动者报酬＋生产税净额＋固定资产折旧＋营业盈余

其中，劳动者报酬指劳动者从事生产活动所应得的全部报酬。生产税净额指企业因从事生产活动向政府支付的税金（不包括所得税）与政府对企业的政策性亏损补贴的差额。固定资产折旧指生产中使用的房屋和机器设备等固定资产在核算期的磨损价值，反映了固定资产在当期生产中的转移价值。营业盈余指企业从事经营活动所获得的经营利润。银行业、证券业、保险业、其他金融活动的分项计算方法有所差异。收入法金融业增加值核算得到的是现价金融业增加值，其不变价采用单缩减计算，缩减指数为居民消费价格指数与固定资产投资价格指数的加权平均数。

金融业机构的报表体系比较完善，使其收入法增加值核算具有良好的实施基础（见表4）。以2001年的情况为例，从增加值计算与相关会计指标的对应关系来看，大致如下：

金融业增加值＝劳动者报酬＋生产税净额＋固定资产折旧＋营业盈余

其中：

劳动者报酬＝工资性收入（本年应付工资总额）＋福利保险费（劳动待业保险费＋住房公积金）＋其他收入（工会会费×60%）

生产税净额 = 营业税金及附加 – 国家补贴收入

固定资产折旧 = 本年折旧

营业盈余 = 营业利润 + 补贴收入（国家补额收入）+ 其他（居民利息支出 + 坏账损失 + 投资收益 + 工会会费 × 40%）

此外，从会计报表中也可以计算金融业的总产出：

总产出 = 营业收入合计（利息收入 + 金融企业往来收入 + 手续费收入）– 利息支出 – 金融企业往来支出 + 居民利息支出 + 投资收益

表4　　　金融企业财务状况与金融业增加值计算对照

指标名称	代码	总产出	工资性收入	福利保险费	其他收入	生产税净额	固定资产折旧	营业利润	补贴收入	其他
一、年末资产负债										
本年折旧	34						√			
二、损益及分配										
营业收入合计	105	√								
#利息收入	114									
金融企业往来收入	121									
手续费收入	122									
营业支出合计	135									
#利息支出	116	√(–)								
#居民利息支出	117	√								√
金融企业往来支出	143	√(–)								
营业费用	155									

续表

指标名称	代码	总产出	增加值构成							
^	^	^	劳动者报酬			生产税净额	固定资产折旧	营业盈余		
^	^	^	工资性收入	福利保险费	其他收入	^	^	营业利润	补贴收入	其他
二、损益及分配										
#税金	191					√				
财产保险	192									
劳动待业保险费	193			√						
住房公积金	194			√						
工会经费	195			√60%						√40%
坏账损失	196									√
排污费、养路费	197					√				
营业税金及附加	164					√				
营业利润	205							√		
投资收益	207	√								√
股票投资收益	208									
国家补贴收入	209					√(-)			√	
营业外收入	211									
营业外支出	212									
利润总额	215									
#应交所得税	216									
应付利润	218									
#已分配股利	219									
转作奖金的利润	220									
三、工资、福利										
本年应付工资总额	301									
#主营业务应付工资总额	302									
本年应付福利费总额	303									

续表

指标名称	代码	总产出	增加值构成							
			劳动者报酬			生产税净额	固定资产折旧	营业盈余		
			工资性收入	福利保险费	其他收入			营业利润	补贴收入	其他

指标名称	代码	总产出	工资性收入	福利保险费	其他收入	生产税净额	固定资产折旧	营业利润	补贴收入	其他
三、工资、福利										
#主营业务应付福利费总额	304									

注：（1）总产出 = 105 − 116 − 143 + 117 + 207；增加值 = 34 + 191 + 193 + 194 + 195 + 196 + 197 + 205 + 207 + 301 + 303 + 117。

（2）√为计算增加值所需指标，其中（−）为减号。

资料来源：《金融业增加值的计算》，《北京统计》2001 年第 4 期，第 9 页。

从年度方法看，最重要的一次调整是 2008 年第二次经济普查对金融业核算方法的改进，主要包括：（1）引入参考利率的概念，改进了金融中介服务产出的间接测算方法（FISIM）。参考利率不考虑服务因素，而要反映存贷款的风险和期限结构。即间接计算的金融中介服务总产出 =（贷款利率 − 参考利率）× 贷款额 +（参考利率 − 存款利率）× 存款额。（2）除保险业以外，其他行业投资收益不计入金融业增加值。（3）细化证券业核算，将证券业增加值按照证券业企业、基金业企业和期货业企业三部分分别核算。（4）完善证券交易印花税的处理方法。根据核算原则，仅将机构缴纳的证券交易印花税作为证券业的生产税处理，个人从事证券买卖活动缴纳的证券交易印花税不属于证券业的生产税。（5）完善不变价核算。细化了金融业不变价核算方法，银行、证券、保险和其他金融活动分别选择不同的价格指数或物量指数进行不变价核算，改变了统一使用消费投资价格指数的做法。其中，银行业采用价格指数缩减法计算，缩减指数利用存贷款利率指数、同业拆借利率指数和消费投资价格指数加权计算；证券业采用物量外推法计算；

保险业采用物量外推与价格指数缩减相结合的方法计算,其中投资收益部分利用物量外推法,其余部分利用价格指数缩减法;其他金融业参照银行业方法执行。[①]

(二) 季度 GDP 增加值的核算

利用收入法计算金融业增加值时需要较多详细的财务指标,而季度金融业增加值核算的资料来源远不如年度核算资料翔实,所以,季度金融业增加值主要依据相关指标进行推算。国家统计局每季度均会计算现价金融业增加值,再将现价金融业增加值除以缩减指数得到不变价金融业增加值。

根据国家统计局 2010 年印发的《季度地区生产总值核算方案 (试行)》,[②] 金融业分为银行业及其他金融活动、证券业、保险业三类,分别以人民币存贷款余额、证券交易额和保费收入为相关指标对季度金融业增加值进行推算,计算方法如下:

当期金融业现价增加值 = 上年同期金融业现价增加值 × (100 + 当期金融业现价增加值增长速度)　　(1)

当期金融业现价增加值增长速度 = 当期银行业及其他金融活动现价增加值增长速度 × p1 + 当期证券业现价增加值增长速度 × p2 + 当期保险业现价增加值增长速度 × p3
　　(2)

其中,p1、p2 和 p3 分别表示上年度银行业及其他金融活动现价增加值、证券业现价增加值和保险业现价增加值占金融业

[①] 转引自课题组《金融业增加值核算问题研究》,《华北金融》2012 年第 10 期。

[②] 对该方案的介绍根据公开资料整理。为了规范季度地区 GDP 核算方法,增强季度地区 GDP 核算方法的科学性,提高季度地区 GDP 数据质量和可比性,国家统计局 2016 年又发布了《季度地区生产总值核算方案 (2016 年)》。

现价增加值的比重。

1. 当期银行业及其他金融活动现价增加值增长速度

当期银行业及其他金融活动现价增加值增长速度＝当期人民币存贷款余额现价增长速度×国家换算系数

当期人民币存贷款余额现价增长速度＝{当期人民币存款余额现价增长速度×[当期人民币存款余额÷(当期人民币存款余额＋当期人民币贷款余额)]}＋{当期人民币贷款余额现价增长速度×[当期人民币贷款余额÷(当期人民币存款余额＋当期人民币贷款余额)]}

国家换算系数＝上年度国家银行及其他金融活动现价增加值增长速度÷上年度人民币存贷款余额现价增长速度

2. 当期证券业现价增加值增长速度

当期证券业现价增加值增长速度＝当期股票交易额现价增长速度×国家换算系数

当期股票交易额现价增长速度＝当期股票交易额÷去年同期股票交易额×100－100

国家换算系数＝上年度国家证券业现价增加值增长速度÷上年度股票交易额现价增长速度

3. 当期保险业现价增加值增长速度

当期保险业现价增加值增长速度＝当期保费收入现价增长速度×国家换算系数

当期保费收入现价增长速度＝当期保费收入÷去年同期保费收入×100－100

国家换算系数＝上年度国家保险业现价增加值增长速

度÷上年度国家保费收入现价增长速度

此外，金融业不变价增加值采用缩减法计算，计算公式为：

当期金融业不变价增加值＝当期金融业现价增加值÷当期金融业增加值定基缩减指数

当期金融业增加值定基缩减指数＝（去年同期金融业现价增加值÷去年同期金融业不变价增加值）×当期价格指数

当期价格指数＝（当期固定资产投资价格指数＋当期居民消费价格指数）÷2

（三）对现行核算方法的讨论

对于中国金融业增加值的核算，大多研究认为其存在的问题体现在如下三个方面，对这些问题的改进也成为金融业增加值核算未来进一步完善的方向。[①]

第一，统计核算科目与会计核算科目不能完全衔接。统计核算科目由统计部门制定，由劳动者报酬、生产税净额、固定资产折旧和营业盈余四个部分组成，虽然每部分都明确了与商业银行会计科目的对应关系，但会计核算科目是各商业银行根据会计准则，结合自身情况制定的，与统计核算科目并不完全一致，两者只是一个大概的对应关系，需要从会计科目中找出统计科目所包含的内容。这个问题集中反映在营业盈余方面，营业盈余约占增加值的一半，统计核算中营业盈余只包含营业利润、公允价值变动收益、工会经费三项。以商业银行为例，虽然存贷款业务依然是主要业务，但随着金融创新的发展，结

---

① 具体可参见课题组《金融业增加值核算问题研究》，《华北金融》2012 年第 10 期；徐国祥、刘新姬《我国金融业分类及其季度增加值计算研究》，《统计研究》2012 年第 10 期。

构性理财产品、金融资产交易业务也逐步发展，收益结构趋于复杂，包括公允价值变动收益、投资收益等，有些银行公允价值变动收益项下甚至包含了很多个子科目，统计核算科目包含的收益内容滞后于现实金融业发展的情况，很难完全包含商业银行实际所有的盈利会计核算科目。同时，在会计处理上，哪些属于公允价值变动收益、哪些属于投资收益、哪些属于中间业务收益，都有不同的会计处理方法，对于会计科目和统计核算科目的对应关系，各行大都根据各行的理解来掌握，很难与统计核算科目完全对应。特别是，持有到期金融资产产生的利息收入是否归入投资收益，不同银行的做法有所不同，有的归入利息收入，有的归入投资收益，而根据统计核算的规定，投资收益却不包含在金融业增加值内。

第二，不能适用于改进的金融业分类，统计核算范围没有涵盖全部金融业态。中国现行季度金融业增加值计算方法是基于2002年的金融业分类，以银行业、证券业和保险业为主要核算对象，而改进的金融业分类整体框架变化较大，不再以银行业、证券业和保险业为标准进行分类。近年来，随着金融改革的深入推进，专业分工不断细化，金融业态也相应发生变化，既出现一些从传统行业细分出来从事特定金融业务的组织，如小额贷款公司、融资性担保公司、第三方支付公司，也有从事新兴金融业务的组织，如金融要素市场、各类股权投资基金，还出现一些实业为主兼营金融业务的企业组织，如以产业控股集团形式成立下属企业从事金融业务。即便根据《2011年国民经济行业分类》，当前金融业增加值核算范围也不够全面。按照新的分类，除传统金融行业外，一些新兴行业如金融控股公司、小贷公司及第三方支付公司等纳入了金融行业，但担保公司却从金融业转出，金融要素市场也没有纳入进来。此外，一些总部企业成立了独立金融机构如财务公司、信托公司对集团成员企业或关联企业开展金融业务，还有一些总部企业成立金融事业部从事相关金融业务，目前金融增加值核算将前一类纳入核算范围，后一类则没有纳入。

第三，季度核算方法对金融业增加值的计算与现实情况偏差较大。如前所述，季度数据（增加值为季度数据）的核算采取推理的方法，即在上一年度相关增加值（季度分解）数据的基础上，使用有关代表性金融业务的增速进行推算。季度推算的逻辑基础在于增加值与这些物量指标的相关性，但随着金融形势变化、新型金融业务发展，季度数据推算方法的准确性会受到影响，尤其是在一些货币环境变化较大的年度。比如，用银行存贷款增速推算其他金融活动增加值可能存在低估情况。其他金融活动包括金融信托、金融租赁、财务公司、邮政储蓄、典当以及其他未列明的金融活动，这部分增加值是用银行业存贷款增速进行推算。随着金融市场的发展，这部分金融活动迅速发展，一些业务还与传统的银行业务存在替代关系，如金融租赁实质是对长期固定资产投资的替代；财务公司是企业总部的"内部银行"，只有在本身不满足集团其他成员的融资需求时，才会向银行借贷；特别是信托业务，近年得到快速发展，很大程度上商业银行为规避信贷管理，将一部分信贷业务通过信托方式转移到信托公司。因此，当其他金融活动量不大时，简单套用银行业存贷款增速对增加值影响不太显著，但随着其他金融活动发展，这种方法可能会低估这部分增加值。

何德旭，中国社会科学院财经战略研究院院长、研究员；中国社会科学院研究生院教授、博士生导师。兼任国家社会科学基金学科评审组专家、中国金融学会常务理事、中国农村金融学会副会长。享受国务院政府特殊津贴专家。入选国家"万人计划"哲学社会科学领军人才工程，入选中宣部文化名家暨"四个一批"人才工程。

主持完成了国家社会科学基金重大项目、国家社会科学基金重点项目、中国社会科学院重大项目等十余项国家级和省部级重大课题的研究，出版和发表成果逾二百部（篇），多项研究成果获省部级优秀科研成果奖。主要研究方向为金融制度、货币政策、金融创新、金融安全、金融发展、资本市场、公司融资等。

王朝阳，中国社会科学院财经战略研究院副研究员，经济学博士、博士后，主要研究方向包括金融体制改革、金融机构与金融市场、金融服务业、金融中心、服务经济理论与政策等。在《经济研究》《世界经济》《经济学动态》《求是》，China Finance and Economic Review 等期刊发表文章 40 余篇，出版学术著作《金融服务产业集群研究》、译著《服务业的生产率、创新与知识》等，主编《中国金融服务理论前沿（6）》、《服务经济理论前沿（1）》等。主持国家社科基金课题、中国社会科学院国情调研课，参与多项国家社科基金重大课题、国家自然科学基金课题，主持和参与国家开发银行、中国保险保障基金公司等单位多项委托课题。

汪川，中国社会科学院财经战略研究院副研究员，经济学博士、博士后，主要研究方向为金融学、宏观经济学。曾在《世界经济》《金融研究》等核心期刊发表论文 40 余篇，主持国家自然基金，参与多项国家社科基金、社科院院创新工程项目，多次获得社科院优秀信息对策奖和优秀论文奖；担任权威期刊、核心期刊和国家自然基金匿名评审，多次接受国家部委宏观经济领域的咨询和研究任务。

王振霞，中国社会科学院财经战略研究院副研究员，中国人民银行博士后，美国乔治梅森大学公共政策学院访问学者。主要研究方向为宏观经济学、价格理论及体制改革。出版个人学术专著《中国可耗竭能源定价机制研究》，获得第六届"薛暮桥价格学研究奖"著作类奖。独立或合作在《财贸经济》《经济研究》《改革》《求是》以及《经济日报》等权威报刊发表学术文章十余篇。主持或参与国家社科基金、国家社科基金重大项目、中国社科院国情调研重点项目以及中央部委委托项目多项。获得中国社科院财经院"优秀成果奖"一等奖，并多次获得中国社科院"优秀信息对策奖"。

高广春，中国社会科学院财经战略研究院副研究员，经济学博士。主要研究领域为住房金融、商业银行经营与管理。在《财贸经济》《城市发展研究》《国际经济评论》《银行家》《经济学家茶座》《学术界》《中国经贸导刊》等杂志发表论文近百篇，独著、合著、合作译著10余部，参与国家、省部级课题，金融机构委托课题、企业委托课题和地方政府委托课题20余项。

李超，中国社会科学院财经战略研究院助理研究员，经济学博士、博士后，主要研究领域为区域经济学、城市与房地产经济学。《中国城市竞争力报告》副主编，中组部第八批援藏干部。曾在《中国社会科学》《经济研究》《财贸经济》，The Northeast Asian Economic Review 等重要中英文期刊上发表论文二十余篇，主持和参与国家社科基金项目以及其他部门委托课题数十项，专著有《新型城镇化与人口迁转》（国家出版基金项目）。先后获得中国社会科学院优秀对策信息对策研究类一等奖、邓子基财经学术论文奖、广东省哲学社会科学优秀成果一等奖、第七届高等学校科学研究优秀成果奖三等奖、中国社会科学院优秀科研成果奖三等奖等学术奖励。

汪红驹，中国社会科学院财经战略研究院研究员，博士生导师。目前主要研究兴趣为经济周期、宏观经济监测指标、动态一般均衡模型（DSGE）、宏观结构模型、网络经济。分别于2006年6月至2007年6月、2011年7月至2012年8月先后在英国诺丁汉大学经济系和美国斯坦福大学国际发展研究中心进修学习。曾参与多个科研项目研究；独立主持国家社科基金重大项目和国家自然基金项目。在《经济研究》《经济学动态》《世界经济》《南方经济》《财贸经济》等杂志发表文章多篇。获孙冶方经济学论文奖一次，中国社科院优秀对策信息对策研究类一、二、三等奖多次。

李原，中国社会科学院研究生院财经系博士研究生，研究方向为金融理论与政策。就职于中共唐山市委唐山市人民政府研究室。